LA PLUME ET LE SANG POUR LA PAIX

-Identité révélée-

Qui sont les habitants de la Martinique?

"La main (de l'activiste) ne commande pas le cerveau (du philosophe), mais si le cerveau est en sommeil, les réflexes naturels de la main qui réagit aux persécutions, ne peuvent être portés en jugement."

Introduction

Avant tout propos, les lignes qui suivent ont été recueillies dans la préface d'un recueil de nouvelles que j'ai écrit, en introduisant une analyse sociologique de la Martinique, et qui dévoile certaines maladies psychiques liées à notre histoire. Après avoir lu, *"Le monde est petit"* et étant resté sur leur faim, mes lecteurs m'ont suggéré une analyse beaucoup plus complète et détaillée.

Bien que mes idées aient quelque peu évolué au fil de mes recherches, je vous partage ce qui fut le point de départ de mon étude.

Pour la suite, cet examen dans lequel je me suis lancé avec ferveur, a pour unique but de lier avec précaution les événements survenus à la Martinique depuis ses premiers habitants jusqu'à ceux d'aujourd'hui, pour finir par synthétiser l'ensemble et essayer de répondre à une question maintes fois posée : qui sont les habitants de la Martinique ?

Avec beaucoup de prudence et de modestie, je n'affirme pas avoir tout trouvé, prouvé ou rectifié d'éventuelles faussetés sur des révélations historiques, légitimement ou illégitimement, ancrées dans les mémoires collectives. Je ne me présente pas en correcteur, arrangeur ou affabulateur. J'ai l'espoir que cette amorce donnera un élan solide à la plus petite motivation qui voudrait dépouiller soigneusement les complexités des corrélations qui guident nos réflexions contemporaines. Ce projet n'a aucunement la prétention de se positionner au-dessus de quelconques travaux antérieurs, élaborés par d'autres, chercheurs, sociologues et historiens. Il faut y voir simplement un lien complémentaire à ce qui pourrait se révéler fastidieux pour un non-initié et ainsi écourter l'entrain de départ d'une quête de construction personnelle. Notre histoire est difficile à assembler car les témoignages de la période esclavagiste sont essentiellement retracés par des européens et souvent les rapports sont unilatéraux et ne permettent pas une approche juste et réaliste, face aux enjeux socio-économiques et culturels qui permettent un équilibre dans toute société. Il arrive que l'on se retrouve dans des incertitudes face au manque de preuves, mais souvent lorsque l'histoire est tronquée ou falsifiée, c'est l'interprétation du contexte de l'époque qui permet de démêler les pistes.

Enfin pour conclure, j'émettrai une hypothèse sur notre conduite immédiate et future.

"La mémoire n'est à son aise qu'avec ce qui porte un nom, autrement l'épistémè s'enfuit lentement des esprits avec les conséquences d'un sarcome sur l'énergie vitale de son hôte."

Préface du recueil, *Le monde est petit*

Je suis Créole, de la Martinique
Man sé nèg Matinik

Aujourd'hui je prends la parole, en qualité de pamphlétaire.

J'aurais aimé dévoiler une société en rémission, en voie de guérison ; seulement la névrose collégiale que j'observe résulte de notre indigne passé colonial et le silence accompagné d'une perte de mémoire délibérément consentie, sont des plus outrageants pour ceux que nous étions, sommes et deviendrons.

J'aurais voulu que cette lettre ouverte ait le léger piquant satirique d'un épigramme ou l'humour que l'on puisse attendre d'un libelle, mais hélas on y reconnaîtra plus les traits de caractères d'une diatribe, car il n'y a point de dérision dans l'abject que je dénonce et encore moins de ridicule dans les maux de mes contemporains.

Ces maladies qui nous collent et que nous ne savons pas guérir sont inscrites au plus profond de nos gènes. Elles nous aliènent, nous troublent et nous dispersent, révélant de profonds problèmes existentiels.

Nos pathologies sont multiples et commencent par la pénurie de compassion pour nous-mêmes.

"L'abandon est l'un des symptômes que subissent nos cœurs atrophiés à qui il manque un morceau."

L'abandon de nos aînés est sûrement lié au fait de nous avoir séparés de nos familles, pour être dispatchés au gré du vent et au profit de la rentabilité.

Le délaissement encore de nos jeunes, sujet à la déréliction qu'ils ressentent, alors qu'on les accuse à tort d'être illettrés. Ces enfants profitent tout juste des avantages de Charlemagne, pour être malmenés par notre système professoral et dogmatique. Les parents devenus nombrilistes font face à beaucoup trop d'enseignants appelés plus par les avantages que par vocation.

Les victimes qu'ils sont en réalité de cette entreprise en schisme, ont plus la définition d'écolierillettré[1].

Des géniteurs qui n'aiment pas leurs progénitures, des rejetons qui n'aiment pas leurs parents. C'est un triste palindrome qui ressemble fortement à cette étrange "Lettre de Lynch". Celui encore dont on baptisa un quartier tout entier dans la commune du Robert, car ici beaucoup de bourreaux sont récompensés, lorsque les véritables héros sont oubliés.

"Dans l'éducation de mon père, je reconnais les maîtres qui ferronnaient leurs biens qu'étaient nos ancêtres. Coups, blessures profondes qui déchirent le corps et affectent l'âme."

La violence gratuite s'est transformée en maltraitance dans l'éducation de nos enfants.

---

[1] écolierillettré est un néologisme de l'auteur : écolier-illettré

Nous sommes solidaires avec tous nos pays voisins, alors que nous sommes aisément pingres et fielleux pour nos propres proches.

"Mes semblables n'ont-ils pas fait de moi un Négropolitain ? Un autre, d'ailleurs, qui les dérange..."

Notre héritage polygamique, que nos hommes et femmes usent allègrement, nous vient certainement de notre mère Afrique, mais il ne faut en aucun cas sous-estimer le génotype légué par nos pères violeurs et pédophiles qui découchaient allègrement, pour estimer la valeur (rentable et économique) de leurs jeunes femelles, et sans qui nous n'aurions pu profiter de nos premières mules-â-tresses.

Devant notre manque de répartie, on nous pointe du doigt pour une prétendue tare qui touchait déjà les rois de France et de Navarre, jusqu'à nos infidèles présidents d'aujourd'hui. J'en ai pour preuve la Mauresse de Moret, cette Mulâtresse conçue plus probablement d'un nid illégitime du roi Louis XIV ou de sa reine, que d'un excès de chocolat.

Notre seul défaut une fois encore est de nous vanter inlassablement du nombre de nos conquêtes, plutôt que d'en favoriser la discrétion.

De cette même dérive nous blâmons ces incestueux qui proféraient hardiment : "Man pa ka nouri chouval pou ba oficié monté". Voilà bien là une preuve de la rupture familiale dans la souche même de la couche.

Symptomatiquement, on reconnaîtra les travers de la mythomanie qui s'étale au plus large de notre territoire et dont les racines sont probablement liées à un complexe d'infériorité ayant muté en une manière d'affirmation, afin de ne pas être mésestimé dans la société.

"Cloître du déboire, de la débâcle, qui envenime ma condition mentale de départ. Martinique nid que j'affectionne à présent, lieu où mon âme vit le jour."

Afrique, Goré, terre d'origine, ailleurs que je ne connais point, sache que rien ne résonne plus en moi, que ce que je suis à présent : le fruit d'une descendance illégitime.

Jadis, volontairement ou non, tu te fis complice en accouchant d'une sous-espèce hybride formée de Sacatras, Mulâtres, Câpres, Griffes, Marabous, Tercerons, Quarterons, Mamélouks, Quinterons, Octavons, Métis, Sangs-mêlés, auxquels se mélangèrent Caraïbes et Coolies. Mestif[2], imparfaits nous fûmes face aux colons, Békés légitimes détenteurs du titre Créole.

Naguère, fier ou pas, le pidgin de départ est devenu le nom que les miens portent également à présent.
Maudite créolisation aux profits de notre majestueuse créolité. D'ores et déjà, ce passage qui me noue la gorge et que je couche avec cette encre pourpre de colère, devient sans mollesse un factum.
Aucun raisonnement valable ne justifiera les actions dont je les accuse tous indépendamment,

---

[2] Mestif ou Métif est le nom que l'on donnait au Métis à la période esclavagiste.

qu'ils fussent blancs ou noirs, kidnappeurs, vendeurs, acheteurs, violeurs, tourmenteurs et meurtriers d'autrefois. Ni commerces, ni dieux ne sont légitimes dans une telle barbarie. Quant au petit peuple de France qui reçoit le mépris de Marie-Antoinette ; "S'ils n'ont pas de pain, qu'ils mangent de la brioche...". Ces pauvres paysans ne sont pas à blâmer, car ils ne savent même pas ce qui ce passe au Nouveau Monde. Ils essayent tout juste d'améliorer leur propre condition.

Ne les blâmons pas ! Avant les révélations de notre prétendue malédiction de Canaan[3], Normands et Bretons ne furent-ils pas les premiers à subir les conséquences de l'exploitation de l'homme envers l'homme, sur l'Île aux Fleurs.

Aujourd'hui, nous condamnons juste ce lâche tortionnaire qui demanda à sa victime d'essuyer son crime avec un mouchoir, imbibé de son propre sang. Le même encore ou du moins son digne héritier, nous demande d'arborer fièrement en toute circonstance, cette douteuse serpillère bleue à

---

[3] Dans la bible, Genèse 9:18-29, Noé maudit son petit-fils Canaan (dont nous serions les prétendus descendants) à être l'esclave des esclaves de ses frères.

quatre serpents[4]. À croire que nous ne méritions pas assez le précédent drapeau.

Les canoniques de l'église je les désavoue.

Les canoniques des nègres donnent encore de leurs échos dans les plantations sucrières.

Les canoniques que nous établirons un jour dans l'unité, renforceront notre société, à ce jour rendue folle par l'assujettissement.

Vos esclaves sont toujours là, à l'endroit exact où vous les avez lâchés.
Nos aïeux eux encore pensaient, espéraient, croyaient. Ceux-là ne bougent pas, ne réfléchissent pas. Ils sont endormis par les bêtises.

---

[4] Le drapeau à 4 serpents ; Depuis la première publication de ce texte, le drapeau qui faisait polémique a été remplacé en 2019, par le drapeau "Ipséité" de la CTM à la suite d'un concours. Aussi un second drapeau "rouge, noir, vert" déjà existant a été encore plus popularisé, mais pas retenu à cause de son appropriation par des groupes indépendantistes. Cependant il gagne plus l'attention de la population.

"Ils sont morts-vivants"

Abandonnés dans le mépris et la non-considération...
d'ailleurs les "mwen ka" ne sont-ils pas la
communauté de France la plus risée ? Trop peu nous
défendent lorsque beaucoup se payent nos têtes.

Faussaire, instrumentaliste, usurpateur de
théologien, nous les irréligieux la connaissons, la
vraie histoire que tu arranges en ta faveur,
puisqu'elle s'est inscrite dans notre ADN.
Jeune peuple de misère, conçu dans le stupre, la
vilénie, le déshonneur, tu pries le Dieu de tes
oppresseurs. Tu n'as pas de remède pour la névrose
qui t'empoisonne inlassablement avec le même
venin, alors que le remède de tes maux est révélé
dans l'écriture. Celle même que tu réfutes et qui sera
ta délivrance.

"Maladies voraces de pauvreté d'esprits"

Celui qui ne lit pas est vide, pauvre d'amour et de
compassion. C'est pour cela que tu ne te

comprends pas, que tu ne comprends pas les tiens, et que tu ne te cherches pas.

Celui qui lit est riche de toutes les vérités et les secrets du monde. Il détient consciemment ou inconsciemment les clés qui ouvrent les portails des autres dimensions.

Celui qui écrit est immortel : il est réfléchi mais aussi la pensée dans l'esprit des autres ; les philosophes le raisonnent, le calculent, le définissent et l'empêchent de sombrer dans l'oubli. Il aura vécu pour enrichir l'évolution et guider les révolutions.

À présent, nul ne sait comment cette hécatombe finira. Les fauves déambulent sans acuité d'esprit et de conscience. Ils se complaisent à errer dans leur ignorance.

Sommes-nous une lugubre expérience de laboratoire ?
Sommes-nous ces pièces monochromes sans voie, ni direction, qui s'entre-dévorent ?

Mon esprit est clair alors je juge. Il n'y aura aucune palinodie de ma part, peu importe d'où viendront les attaques sur mes propos. Je ne ferai pas mine d'ignorer que mon tourment est le même qui menace mes descendants.

Alors je dis : Peuple relève-toi et révèle-toi au monde. Rien n'indemnise mieux que l'estime de soi et la fierté. La même qui triomphait sur la figure de nos femmes après un viol ou bien une expérience anatomique. Le processus qui nous accable en ces temps n'est pas irréversible.

Après toute cette effervescence dans ce qui pourrait être des révélations à travers mes propos, j'invite mes frères à l'intellectualisme. Ne soyons pas dans le parachronisme, car ce qui est fait est fait. Ne soyons pas les jouets de révolutionnaires douteux.
En ces temps évolués, ce qui serait la pire des choses pour notre race Homo sapiens sapiens, c'est que nous devenions prisonniers de nos histoires respectives.
Notre remède se trouve dans les lumières de l'humanisme et non dans les obscures pénombres de la honte et du déni. Que le cœur d'un Antillais

batte pour la France, la Martinique ou l'Afrique. Il n'y a à voir là aucune débâcle, aucune amoralité aucune rupture avec les autres ; seulement une préférence pour une position géographique et celle-ci ne doit ni altérer, ni dévier ce qui doit être notre vision absolue ; l'unique et seule condition de l'Homme sur la Terre, c'est l'Humanité.

"Lorsque mon île sera submergée par les flots,
mon âme sera près d'elle à jamais mais je guérirai
mes souffrances psychiques sur un autre sol.
Mes enfants s'attacheront à ce nouveau sol et leurs
enfants à un autre.
Pour se rendre compte que nous tournons
continuellement en rond sur notre minuscule
planète, car,
Le monde est petit."

J'ai accompli cette mission délicate, pour essayer de répondre à des questions que je me posais. J'imagine que nos îles voisines peuvent aussi avoir par l'impact historique, des symptômes similaires, je préfère me centrer sur le cas de la Martinique, afin d'y mener une étude juste et vérifiable.

Je ne serai jamais las de répéter sempiternellement en tant qu'individu libre de toutes aliénations, mon attachement à des valeurs profondément humanistes.

Avec ce même principe, je vais essayer de rester juste, impartial, mais non neutre dans l'analyse des données récoltées avec la promesse qu'aucune passion qui pourrait m'animer ne vienne ternir la véracité et l'objectivité des informations déployées ici. La démarche souhaitée est d'éclaircir le chemin de l'individu quel qu'il soit, vers une unité non variable dans la pensée, sur le principe de la condition de la valeur humaine.

L'émancipation et le souhait de faire briller les vérités sont les lignes conductrices qui guident cet ouvrage.

J'ai la chance d'avoir des amis de différents horizons ; Bénin, Côte d'ivoire, Cameroun, Haïti, Thaïlande, France hexagonale… tous m'auront conduit à raisonner sur mes conditions ainsi que mes revendications. Mes souffrances, je les ai revues à la baisse après le témoignage de la plupart d'entre eux. C'est le monde entier qui souffre et pas seulement moi. Malgré tout, il m'aura fallu me guérir ensuite, et pour ce faire, il était primordial que je sache qui j'étais en réalité.

Je vais détailler ici mon propre programme, avec l'espoir qu'il puisse conduire mes compatriotes aux mêmes résultats que moi.

Les faits qui auront marqué la Martinique expliquent indubitablement les comportements de ses habitants aujourd'hui. Il est en revanche injuste d'aboutir à des idées racistes par faiblesse d'esprit. Par le même principe, toutes les actions qui mènent à cautionner ou à nier l'atroce qui mêle les esprits sont des plus irresponsables, car elles conduisent à la division et servent de prétexte pour des parties dont les objectifs restent flous. L'idée mise en avant dans mes travaux est la guérison complète, mais aussi la construction qui ne peuvent avoir lieu que si l'énoncé du problème n'est pas honteusement dissimulé ou pire encore falsifié.

Les particularités qui font ce que nous sommes aujourd'hui et qui auraient sans nul doute dû être apprises dès la plus tendre enfance afin d'éviter une désorganisation sociétale, sont les mêmes qui animaient le coeur de nos philosophes, Césaire, Fanon, Glissant, Confiant, Mona… et bien d'autres que je vous laisse le plaisir d'ajouter à cette liste. Aujourd'hui on ne reconnaît pas d'idée nouvelle de nos politiques, intellectuels, philosophes ou artistes pour guider ce que nous considérons tous, autochtones, comme notre pays.

Mes expériences, confondues avec mon désir de me retrouver dans ce flot de diversité culturelle, m'ont conduit à des interrogations profondes sur mon identité. Des questionnements que beaucoup comme moi se posent et se poseront encore dans les siècles à venir puisque le travail d'aliénation s'est fait sur plusieurs décennies. Dans un premier temps, il était important de poser les idées qu'un jeune afro-descendant né dans l'hexagone pouvait avoir. C'est avec ce principe que l'étude faite et les idées exposées ici ont été menées. On pourra ainsi comparer ces réflexions avec celles d'afro-descendants nés sur un territoire colonisé.

Pour conclure cette présentation, il est important de rappeler que bien qu'il n'y ait pas de sous-race sur cette planète, il existe bien des différences physiques et ethniques qui nous distinguent. Celles-ci ne doivent jamais nous réduire aux états inhumains et bestiaux qui se sont allègrement manifestés pendant les siècles derniers.

Programme d'histoire

En comparaison avec les idées de Cheikh Anta Diop en 1954, on peut observer que les problématiques que rencontre l'Afrique sont les mêmes que l'on retrouve chez les afro-descendants de la Martinique. Naturellement, les colonies reproduisent les mêmes schémas quelles que soient leurs positions géographiques. Symptomatiquement l'aliénation culturelle ayant pour seule issue l'assimilation est reconnaissable sur notre territoire. On a demandé aux anciens esclaves d'oublier un passé qui irait à l'encontre du bon vivre ensemble, c'est-à-dire qu'il fallait assurer la sécurité des anciens maîtres tout en gardant leur éducation et leurs mécanismes socio-culturels. Par manque d'instruction et par la même occasion en occultant la transmission orale largement déployée en Afrique, cela a conduit à connaître et reconnaître l'histoire de notre territoire seulement par les connaissances ou l'illustration de l'ancien maître, jusqu'à pénétrer au plus profond de notre ADN.

On remarquera aussi une incapacité à proposer des solutions concrètes pour se défaire de cette assimilation et soumission du peuple, jusqu'à des philosophes comme Aimé Césaire et Frantz Fanon. L'un se sera intéressé à la question nègre, et l'autre à la valeur de l'humain, de sa position, ainsi que son rôle sur cette terre. Des travaux de ces hommes, inconsciemment ou pas, certains utiliseront leurs pensées sans en avoir une approche juste et honnête. Même si la démarche initiale visant à l'épanouissement du peuple était plus que légitime au départ, tous les termes utilisés à l'époque ne sont pas forcément justes aujourd'hui. Gageons qu'ils auront été le moteur pour l'émergence de nouvelles idées. Notre conduite permanente se construit indéniablement dans un rapport d'aliénation culturelle, historique et linguistique sur des valeurs fondamentales qui devraient s'organiser autour de notre peuple. Malheureusement nos représentants et élites, naïvement ou peut-être pour conserver leurs avantages, se seront laissés transformer, diluer, effacer au point de perdre toute identité culturelle et de vouloir s'inscrire dans la liste des dignes représentants des doctrines sociétales de leur vainqueur.

Nos ancêtres les Gaulois ?

Il y a du vrai dans cet énoncé si l'on considère que les négriers et acheteurs (descendants directs des gaulois) se sont bien servis des petites femelles nègres captives, donnant ainsi les premiers mélangés. Les mulâtres ne peuvent-ils pas dire par causalité qu'ils ont du sang de gaulois. Aujourd'hui, combien de personnes à la Martinique peuvent se vanter de n'avoir jamais eu ce genre de mélange forcé parmi leurs aïeux et d'être de lignée directe cent pour cent africaine ? Des mauvaises actions des uns il n'y a pas à rougir. Ici, il n'est pas question de trouver cela beau ou bien, mais de ne pas chercher à contourner des réalités historiques, afin de satisfaire l'égo d'avoir été épargné de la barbarie de l'époque. La manifeste réalité de "Mère violée, père violeur" donne l'écho d'un vacarme prisonnier de la flétrissure qu'a déposé la souillure au plus profond de l'ADN de la progéniture.

Pour le reste soyons sérieux, la France ne peut qu'aller dans les grandes lignes dans ses programmes d'Histoire. Il y a tant de choses à dire. Si l'école allait dans le détail de tous les pays colonisés (dans la Caraïbe, le Pacifique, l'Asie, l'Afrique…) ainsi que de toutes leurs régions, nous serions encore assis sur des bancs d'écoles. Il faudrait plus probablement instaurer un cycle pour chaque région qui parlerait en plus du programme national, de leurs spécificités locales respectives.

La France depuis la Renaissance a été un carrefour des pensées, mais il ne faut pas négliger non plus le fait que ce soit les vainqueurs qui écrivent leurs histoires. D'ailleurs, la France aurait trop de comptes à rendre et le fardeau de la honte à porter. Quel homme raconterait avec fierté qu'il a passé son temps à violer, tuer et piller, partout sur son passage ? Sinon vous trouveriez dans les ouvrages qui traitent de Napoléon 1er, la défaite de ses troupes à Vertière, en Haïti, le 18 novembre 1803. Aucun dictionnaire français ne reconnaît cette bataille. En revanche, la mémoire de l'Homme et la transmission qui en est faite, comme les griots en Afrique, aucun vainqueur ne pourra la contrefaire.

La France n'a pas les moyens, ni la bêtise d'empêcher les populations de ces régions respectives, d'approfondir, si elles le souhaitent leurs connaissances du passé.

Tant que nos livres d'histoire viendront d'éditeurs français, nous ne pourrons pas poser la question au rectorat d'un choix nous discriminant s'il ne correspond pas à la réalité sociale du territoire dont il dépend.

Il y a donc là une organisation à mettre en place par nous-mêmes. Ce n'est bien sûr pas la France qui va chercher à déranger la simplicité d'un programme unique et pratique pour l'ensemble de ces territoires, si nous-mêmes ne mettons pas les outils nécessaires à disposition du système éducatif. Sans chercher à dédouaner les manipulations du dispositif d'aliénation qui est vérifiable de tous, il est important d'utiliser le langage et les ajustements structurels que notre tuteur reconnaît. Nous pouvons prendre pour exemple la création du dictionnaire créole de Raphaël Confiant, qui aura institutionnalisé notre langage, alors qu'Aimé Césaire y voyait juste une petite langue régionale sans grand avenir. Nous voyons la dimension qu'a pris le projet de Confiant. Aucune institution n'a eu le pouvoir d'aller à son encontre.

Maintenant que nous avons assimilé les règles, nous allons instruire quelques lignes essentielles de notre histoire et ensuite largement la partager, la diffuser et la transmettre aux générations futures.

C'est quoi être Martiniquais ?

"C'est quoi être Martiniquais", voilà la question que lançait un influenceur sur sa page Facebook, au mois de mai 2020.

Comment pourrait-il répondre adroitement à cette question alors que lui-même fustigeait la semaine précédente les personnes qui cherchaient à comprendre leur histoire, en prenant pour principe que nous sommes dans une autre époque et qu'il ne sert à rien de ressasser le passé. Cela révèle bien une névrose et un déni dangereux. Tout orphelin qui apprend un jour qui ont été ses parents, verra une réflexion mûrir autour de son existence.

Les réponses déposées ici sont la preuve que la population est dans une quête identitaire. En voici les échanges les plus pertinents :

Pascal L. "Et si nous arrêtions de nous poser cette sempiternelle question. Et si être Martiniquais c'était simplement être né en Martinique… Je suis Martiniquais, né en

Martinique, de culture Martiniquaise, des ancêtres Martiniquais, cela me sied parfaitement et j'en suis fier. Foss'."

Fabrice P. "Être Martiniquais… POUR MOI, c'est juste un rêve que j'aimerais voir se réaliser avant ma mort, pour l'instant on est des français de la caraïbe vivant dans un département français d'Amérique…"

Daniel D. "J'ai envie de dire pourquoi cette question ? Ce questionnement ? Est-ce que le St-Lucien ou le Barbadien se pose cette question ? (peut-être). Est-ce dû au fait qu'on soit pas une nation martiniquaise ?..."

Martial P. "Il y a autant de réponses que de Martiniquais qui y répondront. C'est aussi simple à comprendre que la question est complexe."

Flora R. "Je ne sais précisément ce que ça devrait être Martiniquaise. Je sais juste que je me sens profondément d'ici, attachée à cette île et sa culture. Par rapport à certaines réponses et à mon vécu je pose tout de même la question : Faut-il être né en Martinique pour être Martiniquais ? Faut-il avoir la peau naturellement colorée pour être Martiniquais ? Personnellement je ne pense pas."

Régine O. "Être martiniquais, c'est être né en Martinique que l'on soit noir, blanc, kako, coolie, mulâtre, chabin... mdr"

Ghislaine T. "Être Martiniquais c'est être et faire intrinsèquement partie d'une nation : une histoire commune, une culture commune, une participation commune des faits et activités partagés par le plus grand nombre et par, ce qui est difficile, une vision ou plutôt une référence à une vision de la vie commune..."

Entre le questionneur et ses suiveurs, on constate qu'il y a une quête de révélation identitaire, malgré le déni de certains. Je pense que si l'on veut en finir une bonne fois pour toutes, il faut faire face et aussi difficile que cela puisse être, reconnaître les conséquences du passé sur notre présent. Certes, il est difficile pour certains d'entendre l'atroce, mais il est nécessaire pour d'autres qu'il soit reconnu. Le tort que le peuple donne aux élus ou à certains haut-fonctionnaires (qu'on appelle souvent "nègre de maison" ou bien encore "nèg bitasion") c'est qu'ils veulent déresponsabiliser les criminels de l'époque, et par la même occasion permettre à leurs héritiers de conserver des avantages au détriment du reste de la population.

Comment créer un martiniquais ?

"Voilà une idée abjecte, qui consisterait à créer un individu" et pourtant indirectement c'est bien ainsi que le sort des nôtres s'est joué. Si l'idée de départ n'était absolument pas le croisement de différents genres d'individus, ou encore bien moins de clonages, les principes de l'enrichissement à tout prix ont conduit l'humanité vers des comportements immoraux envers l'espèce humaine et dont il est important de souligner l'implication de l'influence des doctrines religieuses afin de légitimer la barbarie tout en lui octroyant des valeurs justes et morales. Il fallait absolument aider ces "animaux noirs" ou "biens matériels", qui n'avaient pas d'âmes et les instruire pour leur bien sur les lois d'un Dieu unique qu'ils ne connaissaient pas, tout en les exploitant avec un principe encore plus dur et impitoyable que la servitude reconnue sur le sol africain ; "l'esclavage".

L'histoire de l'île de la Martinique est riche en émotions et cela depuis ses premiers habitants. Les Arawaks et les Kalinagos se la disputent, ensuite ce sont les conquistadors espagnols, et à tour de rôle les français et les anglais.

Les Caraïbes n'auront jamais été les esclaves des colons ; déjà ils étaient bien trop sauvages et en plus ils n'avaient aucune mauvaise fable biblique pouvant les lier à une quelconque malédiction. Il est vrai qu'au départ l'idée de les mettre en esclavage a été émise, mais les hautes instances religieuses de l'époque n'ont pas pu soutenir cette démarche.

L'île sera alors partagée en deux avec d'un côté les Caraïbes et de l'autre les colons. Par la suite, après que les colons eurent assuré leur position en construisant le fort Saint-Pierre et en envahissant progressivement la Martinique toute entière, les Caraïbes se seraient enfuis vers les îles voisines comme la Dominique et les derniers combattants se seraient suicidés en se jetant de la falaise portant le nom du « Tombeau des Caraïbes » au nord de Saint-Pierre.

Les premiers forçats de la Martinique étaient des bretons et normands abusés par des promesses de richesses. On les appelait également "les six-mois". La bêtise n'a pas de couleur et lorsqu'elle côtoie l'avarice, elle ne se soucie pas de ce genre de détail. Certains vendront mère et enfant pour la fortune. Ces colonialistes ne laisseraient très probablement aucune chance à leur propre matrice si elle devait être un frein à leur ambition.

Leurs descendants se sont pour la plupart anoblis eux-mêmes en s'inventant des origines nobles, il faut savoir que très peu de nobles venaient au nouveau monde et que les femmes blanches ont été, au départ, des prostituées kidnappées à la demande des premiers colons.

On doit les premières appellations et classifications de l'espèce humaine à des chercheurs anthropologues tels que le suédois Carl von Linné, au début du XIII siècle ; celui-ci considère quatre variétés d'homo-sapiens auxquelles il associe une couleur de peau et même des caractéristiques. Le grand Buffon lui proposera pour la première fois une notion d'individus interféconds révélant ainsi l'appartenance à la même espèce peu importe la couleur. Ainsi les inspirations de certains hommes dits de sciences fusent dans tous les sens et sans réel fondement autre que leur ressenti personnel. Il ressort de la plupart des recherches du genre entre le XIIIème et le XIXème siècles que la race blanche est la plus pure. Aussi en partant sur ces mêmes principes, ces méthodes seront reconduites dans nos régions pour la première fois par Médéric Louis Elie Moreau de Saint-Méry, qui fera une hiérarchisation des populations noires en fonction du pourcentage de sang "nègre". Ce processus conduira par la suite au classement social des individus. Cette dérive plus raciste que scientifique ne sera complètement démontée que par les avancées tardives de la science à ce sujet. La découverte de la mélanine qui est l'élément principal déterminant de la couleur de l'épiderme et qui influe avec le soleil serait la raison pour laquelle les hommes venant de pays très ensoleillés comme l'Afrique seraient de couleur foncée. On notera que Cheikh Anta Diop[5] tiendra une thèse pour soutenir son doctorat où il affirme ou

---

[5] Cheikh Anta Diop est un sénégalais, docteur, maître de conférences et anthropologue. Il écrira sa thèse "Nations nègres et culture" sous la forme d'un livre.

démontre (selon les convictions de tout un chacun), que l'Egypte antique (Kémite) était noire.

Les premiers mélangés (mulâtres) étaient les enfants d'un homme blanc avec une négresse à l'issue d'un viol et non une histoire d'amour improbable entre une blanche et un mâle nègre. Hormis Marie-Thérèse d'Autriche la reine de Louis XIV, qui accoucha de la Mauresse de Moret[6], et dont on protège l'honneur avec cette douteuse légende de chocolat, nous ne voyons pas quelle grande dame blanche aurait pu s'acoquiner avec un nègre sans en recevoir les foudres du déshonneur. Si aujourd'hui certains noms comme le mot Mulâtre sont outrageants pour un bon nombre de personnes qui ne voient que le rabaissement de par son sens étymologique, il faut considérer avec une grande attention que ces noms étaient revendiqués avec fierté par les individus de cette caste à une certaine période. Certes l'intention de départ est peu valorisante puisque l'étymologie du mot fait référence au croisement entre une mule et un âne. Diamétralement se rappelle-t-on que le mot métis à

---

[6] La Mauresse de Moret est l'enfant noir, illégitime du roi Louis XIV.

la base ne concerne que le mélange entre un colon et une amérindienne (Caraïbe) et que l'on parle alors de méstif pour les autres. Cela voudrait-il dire qu'un métis aujourd'hui devrait se sentir insulté d'être désigné en tant que tel ? La langue française et le créole étant des langues vivantes, certaines évolutions ont entraîné des confusions et des pertes d'informations capitales pour l'histoire, par exemple entre les mots Metif/Mestif avec le mot Métis. Aujourd'hui le mot Métis n'a pas la même signification puisqu'il définit mondialement le mélange entre deux individus d'ethnies différentes, et qui peut être par exemple, le fruit de l'union de deux personnes de même couleur de peau.

La lettre de Lynch

Ayant moi-même été victime de la confusion surenchérie par les émotions que suscite la fameuse "lettre de Lynch" et pour en avoir souvent entendu parlé à la Martinique, il semble important d'apporter de la lumière sur ce document du web.

Effectivement, ce texte suscite l'émoi chez tout afro-descendant en ayant eu connaissance. D'ailleurs, il y aura autour de cette lettre beaucoup de manifestations et d'actions la dénonçant, allant de conférences à l'industrie de la musique en passant par le cinéma où le réalisateur afro-américain Spike Lee s'en sera largement inspiré pour ses films "Animal I" et "Animal II". Hélas, il ne sera pas le seul à en faire référence et moi-même à l'époque, j'en faisais tristement l'allusion en tournant un clip vidéo dans une école de la commune du Robert.

Voici quelques lignes que l'on peut trouver dans ladite lettre précédées d'un texte explicatif :

Ce discours a été prononcé par Willie Lynch au bord du fleuve James dans la colonie de Virginie en 1712. Lynch était un propriétaire d'esclaves anglais des Caraïbes. Il fut invité pour enseigner ses méthodes aux propriétaires d'esclaves. Le terme « Lynching » (lyncher) est dérivé de son nom.

"...Dans mon sac ici, j'ai une méthode complète pour contrôler vos esclaves noirs. Je garantis à chacun d'entre vous qu'étant instaurée correctement, elle contrôlera les esclaves pendant au moins 300 années...

N'oubliez pas que vous devez monter le vieux mâle noir contre le jeune mâle noir, et le jeune mâle noir contre le vieux mâle noir. Vous devez utiliser les esclaves à peau foncée contre les esclaves à peau claire, et les esclaves à peau claire contre les esclaves à peau foncée.

Vous devez utiliser la femelle contre le mâle, et le mâle contre la femelle..."

À présent, je vais prendre beaucoup de précautions en n'affirmant surtout pas que le document est faux. Cependant, je vais poser les questions qui me taraudent pour affirmer la véracité d'une pièce.

Le mot "lyncher" nous vient de "la loi de Lynch" qui faisait référence à la manière dont le juge et colonel Charles Lynch (1736-1796) traitait de manière expéditive les procès qu'il avait en charge.

Le capitaine William Lynch a participé à mettre le doute sur l'originalité du mot "lyncher" en affirmant être le porteur de "la loi de lynch". Il faut savoir que l'on confond souvent le capitaine William Lynch (1742-1820) avec Willie ou Willy ou William Lynch de la fameuse lettre.
Willie, Willy ou William Lynch, contrairement à ce que l'on pourrait croire, est arrivé avec internet à la fin des années 2000. On prétend qu'il serait né sur une colonie des Antilles anglaises. Nous sommes en droit de nous poser cette toute première question : De quelle île venait-il ?
Ensuite, on peut aussi se demander : Où se trouve le document original ? Dans quelle université, musée, bibliothèque ou bien encore, dans quel

conservatoire national des archives est exposé le discours en question ? Pourquoi n'a-t-on jamais entendu parler de ce document avant l'arrivée d'internet ?

Le métissage pendant la période esclavagiste

Appellations[7] martiniquaises concernant le degré de couleur pour les enfants issus d'un couple :

- nègre & câpresse -> griffe
- nègre & mulâtresse -> câpre - câpresse
- mulâtre & métive/métisse -> métis ou mulâtre
- métis & quarteronne -> métis ou quarteron
- blanc & négresse -> mulâtre
- blanc & mulâtresse -> métis/métif
- blanc & métive/métisse -> quarteron
- blanc & quarteronne -> mamelouque/mamelouc

[7] Source :
http://www.geneafrance.org/rubrique.php?page=libre

Tableau[8] du pourcentage de métissage d'un individu

Proportion d'ancêtres noirs	St-Domingue	Guadeloupe/ Martinique
7/8	Sacatra	-
3/4	Griffe	Câpre
5/8	Marabou	-
1/2	Mulâtre	Mulâtre
1/4	Quarteron	Métis
1/8	Métis	Quarteron
1/16	Mamelouk	Mamelouk
1/32	Quarteronne	-
1/64	Sang-mêlé	-

---

[8] Source : https://fr.wikipedia.org/wiki/Mulâtre

Le Créole

À l'origine, le Créole désigne un homme blanc né dans une colonie. Le terme **créole**, à la fois nom et adjectif, en espagnol ancien *creollo*, devenu *criollo*.

Beaucoup d'entre nous ont encore honte de parler d'identité créole et bien sûr à cette période esclavagiste nous aurions bien eu du mal à pouvoir nous reconnaître dans cette définition. Seulement le déni n'effacera pas la réalité et même si ce passé douloureux nous ramène à nos blessures profondes, nous ne pouvons en aucun cas dévaluer l'héritage de **"l'horrible créolisation au profit de notre majestueuse créolité"**. Voilà un ensemble de mots qui dérange encore aujourd'hui et qui suscite bien des débats. Pour sortir de cet emprisonnement affectif, il nous faut comprendre le sens exact de ces mots qui portent la même résonance mais sont pourtant des cousins en parfaite opposition. L'un déconstruit et l'autre construit. Nous pourrions inventer un autre terme pour nous définir, seulement à présent est-ce bien nécessaire ?

Avons-nous besoin de néologismes tropicalisés et colorés ou plutôt d'explications sur notre situation ? Césaire s'est approprié le mot "nègre" et lui a donné une dimension universelle, nous pouvons admettre que le mot "créole" prenne la même direction. L'heure est probablement à la reconstruction psychique et la réparation ne se fera que par l'union de tous les afro-descendants, en passant par le respect naturel des descendants colons à leur égard.

La sonorité du mot ne doit en rien nous détourner de sa valeur et de son rapport avec notre époque et nous allons le détailler avec plus de profondeur. Nous perdrions un temps et une énergie à rééduquer des esprits sur l'étymologie d'un mot, alors que nous avons un travail beaucoup plus important à mettre en place.

Abolition de l'esclavage

La liberté n'a pas été acquise par un simple acte de manumission du Père Schoelcher. Ce serait une véritable uchronie ou falsification que de ne pas adjoindre à leur libération la révolte des esclaves.

Aujourd'hui, il devient difficile de répondre avec certitude sur les questions des réelles motivations de Victor Schoelcher. Les historiens ne semblent pas s'accorder sur ce sujet. Certains avançant la thèse d'un franc-maçon raciste, animé d'une mission uniquement économique liée au coup de la main d'œuvre faisant face à l'essor de l'industrialisation anglaise, avec le début des machines à vapeur.

En revanche pour les esclaves, il n'y a nul doute qu'ils ne sont pas restés passifs à attendre qu'on les libère. Ils ont brisé eux-mêmes leurs chaînes par l'impulsion d'Haïti, qui dès 1791 mène ses premières révoltes.

La Martinique connaîtra plusieurs révoltes jusqu'à celle qui conduira à l'abolition définitive de l'esclavage. Avant que Victor Schoelcher n'ait apporté son décret d'abolition, le gouverneur Claude Rostolan proclame le 23 mai 1848 l'indépendance sous la pression des esclaves. En plus du climat qui régnait déjà, la rébellion a eu pour point de départ un esclave du nom de Romain qui refusa de cesser de jouer du tambour et qui fut incarcéré. Aux premières heures de la démarche visant à abolir l'esclavage on peut noter la présence active du neveu de Joséphine de Beauharnais, Cyrill Bissette (mulâtre), qui sera élu devant Schoelcher député de la Martinique en 1849.

Révoltes Haïtiennes

1791, 14 août. La cérémonie du bois Caïman (Vaudou) conduit au soulèvement général dans le nord de Saint-Domingue.

1793. Les Britanniques et les Espagnols lancent une expédition à Saint-Domingue avec l'appui d'esclaves révoltés. À Saint-Domingue, proclamation de l'abolition.

1794, 4 février. La Convention nationale ratifie l'abolition de l'esclavage à Saint-Domingue, ainsi que sur les autres colonies françaises. La Martinique ne pourra profiter de cette abolition puisqu'elle passera aux mains des anglais du 21 mars 1794 au 25 mars 1802 et l'esclavage sera maintenu par Napoléon.

1798. Toussaint Louverture, nommé chef de l'armée coloniale en 1797, chasse les Britanniques de l'île.

1802. Napoléon Bonaparte lance une expédition à Saint-Domingue pour y rétablir l'esclavage. Toussaint est arrêté et déporté en France où il meurt en 1803.

1803, 18 novembre. La bataille de Vertières marque la défaite définitive des troupes françaises.

1804, 1er janvier. Indépendance de Haïti.

Discours du gouverneur Rostolan

« Citoyens de la Martinique, la grande mesure de l'émancipation que je viens de décréter a détruit les distinctions qui ont existé jusqu'à ce jour entre les diverses parties de la population ; il n'y a plus parmi nous de maîtres ni d'esclaves ; la Martinique ne porte aujourd'hui que des citoyens. J'accorde amnistie pleine et entière pour tous délits politiques consommés dans la période du mouvement que nous avons traversée. Je recommande à chacun l'oubli du passé. Je confie le maintien de l'ordre, le respect de la propriété, la réorganisation si nécessaire du travail à tous les bons citoyens ; les perturbateurs, s'il en existait, seraient désormais réputés ennemis de la République, et comme tels, traités avec toute la rigueur des lois.

Saint-Pierre, 23 mai 1848.

Le général de brigade, gouverneur provisoire,

Rostolan. »

54

Victor Schoelcher

Né en 1804 à Paris et héritier d'une fabrique de porcelaine. Il est au départ commerçant, puis de retour de son voyage au Mexique, aux États-Unis et à Cuba il devient journaliste, et adhère à la franc-maçonnerie. C'est après cette expérience qu'il semblerait s'être transformé en philanthrope.

Dans la Revue de Paris il se prononce contre l'abolition immédiate et il écrira "Les Noirs[9]", " les nègres, sortis des mains de leurs maîtres avec l'ignorance et tous les vices de l'esclavage, ne seraient bons à rien, ni pour la société ni pour eux-mêmes" ; "je ne vois pas plus que personne la nécessité d'infecter la société active de plusieurs millions de brutes décorées du titre de citoyens, qui ne seraient en définitive qu'une vaste pépinière de mendiants et de prolétaires" ; "la seule chose dont on doit s'occuper aujourd'hui, c'est d'en tarir la source, en mettant fin à la traite".

---

[9] "Les Noirs", dans la Revue de Paris, Paris, Levasseur, 1830

Il écrira sur les femmes de couleur, dans son ouvrage "Des colonies françaises" publié en 1842 :

"elles vivent toutes en concubinage ou dans la dissolution, parmi lesquelles les blancs viennent chercher leurs maîtresses comme dans un bazar" ; "les hommages de la caste privilégiée les flattent et elles aiment mieux se livrer à un blanc, vieux, sans mérite et sans qualité, que d'épouser un sang-mêlé…"

Après que la France eut définitivement perdu ses ambitions sur Haïti, suite à l'ordonnance[10] de Charles X le 17 avril 1825, on peut imaginer que ce ne soit pas la compassion pour les esclaves que Schoelcher accablait plus tôt, qui ait été le moteur déclencheur des partisans de l'abolition de l'esclavage. Il semble bien plus envisageable que la crainte qu'Haïti ne devienne un modèle d'affranchissement en plus de la possibilité que la France perde le reste de ses colonies soit le véritable enjeu. Le discours tenu sur l'Afrique, le

---

[10]Outre-Mers. Revue d'histoire Année 2003 tome 90 n°340-341 p. 249. L'ordonnance condamnera Haïti à régler la dette de 150 000 000 francs (français) pour le préjudice de la perte de ces biens matériels (esclaves).

18 mai 1879, révèle bien les ambitions colonialistes de la France sur ce continent, tout en mettant à jour la valeur réelle de ses protagonistes.

Dans l'incapacité de pouvoir se défendre des accusations dont il fait l'objet, nous concéderons de lui accorder le bénéfice du doute. Ne nous vêtissons pas de malhonnêtes et restons pragmatiques dans notre démarche, afin que cette étude ne soit pas marquée par le discrédit.

Il apporta le décret d'abolition de l'esclavage en date du 27 avril 1848, après la libération des esclaves par eux-mêmes.

Sources et définitions

On reconnaîtra qu'il est difficile d'avoir les justes valeurs des mots et des idées de la période esclavagiste, puisqu'il y va un peu du bon vouloir de chacun et surtout de ceux qui savent et peuvent écrire, en fonction du climat et des tensions de l'époque et aussi à ne pas négliger de leurs positions sur les conditions et la moralité de l'esclavage. Antoine Furetière s'attirera les foudres de ses confrères académiciens et en même temps les bonnes grâces de Louis XIV pour la sortie de son dictionnaire, tandis que le père Labat est un esclavagiste avéré. Comment obtenir de bons et justes renseignements dans de telles circonstances. On pourra ainsi mettre aisément en opposition tous types de recherche si l'on n'omet pas de considérer les complexités dénoncées ici.

"...La mémoire ne se souvient que de ce qui porte un nom, autrement l'épistémè[11] s'enfuit lentement des esprits..."

---

[11]Un épistémè est un ensemble des connaissances rendant possible les différentes formes de science propre, à un groupe social, à une époque donnée.

La créolisation

Selon le dictionnaire Larousse
Processus par lequel un parler (pidgin, sabir) devient un créole.

Selon le dictionnaire d'Émile Littré (1863-1877)
Néologisme. Qui est acclimaté, habitué aux colonies.

Qui mieux que nous pouvons définir ce qu'est la créolisation. Processus d'asservissement, de déportation, d'exploitation, d'assujettissement, combiné avec le vol de la mémoire intellectuelle, culturelle et religieuse. Le viol, les expériences anatomiques, la séparation de la famille et la dévalorisation de la valeur paternelle aux profits des colonisateurs.
Voilà une toute autre définition avec beaucoup moins de couleurs et de brillance que donne l'apparence des mots mélangés avec un champ lexical adouci. Il est fort probable que la honte n'osait vouloir y donner plus de détails.

La créolité

Selon le dictionnaire Larousse
Mouvement de défense des valeurs culturelles et spirituelles propres aux créoles des Antilles françaises.
Ensemble des valeurs de la culture créole.

Selon le dictionnaire d'Émile Littré
Le mot n'existe pas encore puisque ces principes arrivent bien plus tard.
En revanche si l'on cherche "créoliser" : ***Néologisme****. S'abandonner à la nonchalance qui caractérise les créoles.*

Pour ma part la créolité c'est ce brassage culturel venu d'ici et d'ailleurs. La culture des Arawaks, Caraïbes, Européens, Africains et Asiatiques mélangés ensemble et que nous avons fini par nous approprier.
Par exemple le tissu Madras, la musique européenne ou encore l'acclimatement de mots asiatiques comme Coolie.

Coolie (également **Cooly**, **Kuli**, **Quli**, **Koelie**…) (chinois simplifié : 苦力) est un terme désignant au xixe siècle les travailleurs agricoles d'origine asiatique.

Mestif

Selon le dictionnaire (1684) de l'abbé Antoine Furetière : MESTIF, se dit figurément des hommes qui sont engendrés de père et mère de différente qualité, pays, couleur, ou religion. Cet enfant est mestif engendré d'un père esclave, et d'une mère libre, d'un Maure et d'une Espagnole. En Espagne on appelle Mulato, celui qui est engendré de père ou de mère de différente couleur ou de religion, qui participe de l'une et de l'autre, comme un mulet participe de deux natures ; et c'est une forte grande injure. On appelle aussi mestif, un enfant né d'un Indien et d'une Espagnole, ou au contraire, dans le pays on les appelle crioles. Au Pérou on appelle proprement Mestis, ceux qui sont nés d'un Espagnol et d'une Sauvage.

Selon le père Jean Baptiste Labat (1663-1738) : Le terme mestif employé en Amérique centrale s'appliquait aux enfants de blancs et d'indiens caraïbes. Il n'a pas été utilisé à la Martinique.

Révolution pour l'indépendance

L'oligarchie française en guerre avec les Antilles

Pour comprendre ce propos, il faut faire un rappel historique et resituer les enjeux politiques à partir des années 50.

Les colonies sont en guerre contre la France. Les territoires réclament leur indépendance et des groupes nationalistes militent dans chaque colonie.

La guerre d'Indochine (Vietnam) aura duré 8 ans, jusqu'à son indépendance, de 1946 à 1954. Elle s'en suivra de la guerre d'Algérie dès 1954 jusqu'à la proclamation de sa décolonisation le 5 juillet 1962, marquant ainsi la fin d'une guerre qui aura également duré 8 ans. En 1960 c'est Madagascar qui accède à l'indépendance. Ainsi, plusieurs anciennes colonies françaises accéderont à l'indépendance durant cette période et du côté de l'empire britannique c'est la création du Commonwealth.

"Le Commonwealth[12] a émergé au milieu du XXe siècle pendant le processus de décolonisation. Il est formellement constitué par la Déclaration de Londres de 1949 qui fait des États membres des partenaires "libres et égaux". Le symbole de cette libre association est la reine Élisabeth II qui est chef du Commonwealth. La reine est également le chef d'État monarchique des 16 royaumes du Commonwealth. Les autres États membres sont 32 républiques et 5 monarchies dont le monarque est différent.

Les États membres n'ont aucune obligation les uns envers les autres. Ils sont réunis par la langue, l'histoire, la culture et des valeurs décrites dans la Charte du Commonwealth telles que la démocratie, les droits humains et l'État de droit."

L'émancipation des îles voisines pourra être considérée par la France comme un mauvais modèle pour les antillais.

La Martinique quant à elle est devenue un département depuis la loi n°46-451 du 19 mars

---

[12] Commonwealth : Source Wikipédia ;
https://fr.wikipedia.org/wiki/Commonwealth

1946, proposée par Aimé Césaire. Dès lors le territoire ne sera plus considéré comme une colonie, mais comme un département et ainsi le gouverneur sera remplacé par un préfet.

L'enjeu est important pour la France qui compte grâce à ses territoires d'outre-mer 11,7 millions de zones économiques exclusives (ZEE) en plus de ses bases militaires. Ce ne sont pas tant les îles et les petites économies qu'elles produisent qui intéressent la France, mais bien les espaces autour d'elles qui permettent de revendiquer un contrôle des droits de pêche et d'éventuelles autres ressources.

Plusieurs révoltes majeures

Le 12 octobre 1822, c'est la révolte des esclaves du Carbet.

L'insurrection de septembre 1870, est due à une injustice menée à l'encontre d'un commerçant noir, M. Lubin au profit d'un fonctionnaire créole blanc Augier de Maintenon. À l'issue de l'altercation des deux hommes, Lubin sera condamné à cinq années de bagne pour avoir rendu le coup que Augier de Maintenon lui avait porté. Il s'ensuit une rébellion générale où plusieurs habitations seront brûlées. L'un des membres du jury sera abattu par la foule parce qu'il se vantait publiquement d'avoir fait condamner M. Lubin.

Lumina Sophie dite "Surprise" fera partie des condamnés au bagne à perpétuité, pour avoir participé aux émeutes et incendié des habitations, alors même qu'elle est enceinte. Son enfant lui est enlevé et meurt à quatorze mois. Elle décèdera, huit ans plus tard au bagne, de maltraitance.

On lui prête les mots suivants :

"Le bon dieu aurait une case sur la terre que je la brûlerais car Dieu n'est sûrement qu'un vieux Béké !"

Du 20 au 22 décembre 1959, 3 martiniquais trouvent la mort dans les émeutes causées par une altercation entre un métropolitain et un martiniquais noir, suite à un banal accident de la circulation.

Le 24 mars 1961, 3 grévistes sont tués par les gendarmes mobiles au Lamentin. Les grévistes demandaient une amélioration de leurs conditions de travail ainsi qu'une augmentation de salaire.

Le 14 octobre 1962 création de L'OJAM.
Le 23 décembre, le Manifeste de l'OJAM est placardé sur tous les murs de l'île afin de commémorer les émeutes de 1959. Les 18 jeunes auteurs de ce manifeste sont arrêtés, emprisonnés à Fresnes et accusés d'atteinte à la sûreté de l'État. Ils seront jugés, lors d'un procès politique en 1964 qui se soldera par un acquittement général.

Le 14 février 1974, 2 grévistes sont tués à Basse-Pointe. Suite à une grève des ouvriers agricoles.

Afin de désorganiser toutes idées d'indépendance des insulaires, le militaire De Gaulle organise une stratégie, qui se révèlera être des plus redoutables, car il n'est pas question de perdre les colonies assimilées départements, restant de l'empire colonial français.

Le dépeuplement de la Martinique est programmé puis organisé avec la création du Bumidom[13]. En même temps que l'on crée du chômage, en réduisant la force vitale économique qu'est l'agriculture pour pousser les jeunes à aller chercher du travail en métropole, on fait rentrer une population blanche que l'on met à des postes stratégiques administratifs. Ces mêmes jeunes martiniquais (au nombre de 16 580) qui auront grossi ces 70 000 migrants partis par le biais du Bumidom se retrouveront au chômage de retour chez eux, même avec des diplômes délivrés en France.

Pour les autres qui seront restés à cause d'un billet aller simple, ils auront bien souvent connu la détresse sociale causée par l'isolement et

---

[13] Bumidom, le Bureau pour le développement des migrations dans les départements d'outre-mer, est créé en 1963 et prend fin en 1981.

l'abandon, auxquels s'ajoutera la discrimination. La précarité conduira même certains Domiens à la prostitution et/ou au suicide.

Le général de Gaulle crée en 1964 le journal de propagande "France Antilles" à son avantage, puis il vient en visite à la Martinique avec un discours infantilisant et persuasif pour encourager et persuader la population qu'elle est considérée comme une enfant de la nation française.

Aimé Césaire qui a amené la départementalisation dans nos régions, a remis en question la stratégie mise en place par la France dans nos régions, mais malheureusement il était trop tard. Dans un discours à l'assemblée nationale le 13 novembre 1975, il déclare :

"...Des peuples entiers ont été finalement évacués de l'histoire parce qu'ils ont été d'abord recouverts, laminés, absorbés. En tout cas l'histoire nous a rendus méfiants ; nous redoutons le génocide par substitution, même s'il s'agit du génocide par persuasion[14]... "

---

[14] Archives.assemblée nationale ; discours du député Aimé Césaire, le 13 novembre 1975.

Depuis 1982 c'est LADOM[15] qui a pris le relais avec un changement de nom et de statut juridique, mais avec la même vocation.

Effectivement là où on a persuadé les martiniquais qu'ils étaient volontaires pour quitter leur famille, leur île... il fallait y voir une manœuvre stratégique et militaire qui visait à déconstruire ce qui pourrait amener toutes rébellions et cela sans prendre les armes. Comment voulez-vous combattre si vos jeunes ne sont pas sur place et n'ont pas conscience de ce qu'ils sont. A-t-on déjà vu des vieux faire la guerre ? Non, jamais ; ce sont les jeunes hommes et femmes qui portent les guerres. Voilà le procédé par lequel on dépeuple la Martinique de sa jeunesse en l'accusant à tort d'être bientôt l'un des plus vieux départements de France.

Passer du nom de département à colonie n'est qu'un leurre mais ne change en rien la forme. Le Gouverneur s'est transformé en Préfet et les colons sont appelés des Békés. On a donné des artifices à consommer pour fermer les yeux des autochtones. Les banques qui portent les mêmes noms qu'en

---

[15] LADOM (Agence de l'outre-mer pour la mobilité) anciennement, ANT est créé en 1982.

France participent à l'appauvrissement de la population avec des crédits à la consommation pour acheter uniquement des passifs (qui ne permettent pas l'enrichissement). Dès que vous essayez de créer une entreprise ou bien d'acheter un bien qui pourrait vous amener des revenus actifs, vous serez rapidement confronté à des refus ou des taux très élevés. En face de tout cela vous avez des français blancs qui ne savent rien de la Martinique et qui arrivent attirés par la carte postale ou par les avantages uniques pour les fonctionnaires venus de l'hexagone. Ces personnes se retrouvent rapidement rattrapées par le malaise ambiant de l'île, mais ne pouvant et ne sachant quoi faire pour s'intégrer sans attirer les foudres des locaux, minoreront la situation ; et bien trop souvent même s'ils ne sont pas forcément racistes, leur attitude face à l'injustice ne calmera pas un climat qui devient de plus en plus critique. Ils préféreront s'indigner des habitudes culturelles fortement ancrées dans la mémoire et le quotidien de la population noire plutôt que de rejoindre avec respect ces mêmes valeurs. Voilà ce qui crée une crise sociétale et accentue le racisme. Nous sommes en face d'un racisme non basé sur la couleur de la peau, mais un racisme créé par l'indifférence de personnes venues d'ailleurs qui ne prennent pas en considération les maux et la culture des Martiniquais. D'ailleurs début juillet 2020, l'artiste Guy Al MC le dénoncera dans une chanson intitulée "N'oublie pas" où il rappelle dans son refrain : "Tu es venu t'installer chez moi ! ...tu as acheté un terrain chez moi ! Tu as construit une maison chez moi, mais sache que tu n'es pas chez toi... n'oublie pas que t'es chez moi. Si tu penses faire ici comme tu faisais chez toi. T'as tout faux donc retourne là-bas."

Le 27 juillet, le maire du Diamant condamnera fermement les propos d'une métropolitaine installée dans la commune, qui aurait eu des propos racistes sur son compte Facebook, dont elle dira par la suite qu'il a été piraté. Le maire s'exprimera dans un communiqué :

"Face aux propos haineux, insultants et racistes sur les réseaux sociaux sous le pseudo « Sylvie P. », face à son appel à la violence contre une partie de la population du Diamant, je me dois de dire à la responsable de ces propos vils, dégradants et nauséeux, qu'ils sont aussi passibles de peines devant la Loi. Et je ne me priverai pas de les porter devant la Justice si ses excuses ne nous parviennent pas, au plus vite.

A peine arrivé à la tête de la Mairie, j'ai réuni jeudi 23 juillet, les ambulants de la Place des fêtes ainsi que les restaurateurs du marché polyvalent pour les exhorter à tempérer leurs sonorités musicales afin de ne pas occasionner de gêne pour les habitants des alentours. Et malgré la conjoncture difficile dans laquelle la Covid les a tous plongés (leurs points de vente à peine ouverts…) ils ont acquiescé à ma demande, je tiens à les remercier. De nombreux témoignages stipulent que la musique est devenue supportable voire appréciable ; ils attestent donc de la bonne foi des ambulants et restaurateurs. Quant aux fêtes de famille dans les foyers, elles sont sous contrôle d'un nombre de décibels à ne pas dépasser et doivent aussi respecter des horaires.

Quand bien même il y aurait un dépassement momentané de décibels, il ne justifie d'aucune manière ce déchaînement d'injures, d'invectives nous rabaissant à l'état animal. Comment cette personne peut-elle se donner le droit de nous dire ce que nous sommes et où nous devons désormais aller ? Comment peut-elle se permettre un tel appel à la violence sur les personnes et les biens ? Comment peut-elle se permettre un appel à la destruction du symbole de notre histoire : la statue du Neg Mawon située à l'entrée du bourg ? Comment peut-elle nous traiter de singes qui devraient retourner en Afrique ?

Le rabaissement, le mépris et l'ignorance qui caractérisent le racisme, Crime contre l'humanité, sont ici totalement affichés. Je comprends donc l'émotion et l'indignation que ces mots insupportables ont pu soulever dans la population. Toutefois, nous avons matière à faire que cette personne se remette dans le camp de la sociabilité, du respect d'autrui, fondements de l'humanité. Humanité qu'elle a totalement désertée. C'est pour cela que je demande à chacun de rester calme, je leur promets de prendre les mesures adéquates !

Il y va de mon droit, de mon devoir, et ce pour notre mémoire collective et pour notre avenir dans cette ville… Où nous vivrons debout et fiers !

Hugues Toussay
Maire du Diamant"

Pauvre petite dame probablement plus maladroite que raciste qui aura eu des propos malvenus dans une période très sensible. À la Martinique, le week-end ou pendant les vacances les gens augmentent les décibels de leur musique, frappent les dominos sur les tables etc. Si elle avait adopté une autre forme de dialogue que la délation en filmant les gens à leur insu et en les mettant sur les réseaux sociaux, elle aurait certainement été invitée à boire des bières, du rhum et twerker. Les autochtones sont accueillants en général.

Dans cette même journée, on trouvera des européens blancs qui s'expriment librement sur Facebook. Les propos tenus sur ce groupe montrent bien qu'il y a une incompréhension des revendications de la population locale accompagnée d'un racisme ambiant en progression. Ils disent :

Florian P. : Je croyais que le président de la république s'était engagé à protéger nos statues ! ...on laisse des minorités d'excités saccager notre histoire ? Quelle honte !

Bourdeau C. : On pourrait peut-être arrêter les allocations familiales et autres en Martinique pour voir !!! En compensation.

Bertrand L. : Cette scène rappelle les destructions faites par Daesh à Palmyre, en Syrie. Méthode de décérébrés incultes qui ne comprennent rien à l'Histoire. Ici la statue de l'impératrice qui s'effondre, un bout de France qui s'éteint …

Bart B. : Je vois beaucoup de noirs avec le drapeau du Sénégal ou d'un autre pays africain qui jettent la statue…

Mr N. : Imaginez maintenant cette horde de zinzins diriger l'île, en même pas une année elle deviendrait une poubelle géante en mode nouvelle Haïti.

On pourra également retrouver des rapports conflictuels avec les "négropolitains", puisque eux ayant vécu en France métropolitaine, pourront avoir des attitudes contestables vis à vis des locaux. Tout cela montre bien qu'il n'est pas question de racisme par rapport à l'épiderme.

Il est temps d'arrêter de dire à des personnes qui se cherchent, qu'il faut vivre avec leur présent et que cela ne sert à rien de ressasser le passé. C'est bien trop souvent le discours que l'on entend de la bouche des nouveaux arrivants et cela devient de moins en moins acceptable. On ressasse bien la Shoah en France et personne ne s'en plaint. Il ne suffit pas de dire qu'on ne compare pas les souffrances, pendant qu'on continue à faire l'apologie de certaines et minimise d'autres. C'est le devoir de la France d'aimer tous "ses enfants" si je reprends les mots de De Gaulle lorsqu'il s'adressait aux Martiniquais. Tant que la France aura des enfants qu'elle considère comme légitimes et d'autres pas, il y aura des problèmes dans sa société.

L'homme est nomade depuis l'*Homo erectus,* donc il n'est pas question d'empêcher à qui que ce soit d'aller et venir sur cette planète. Les Martiniquais sont profondément croyants donc je ne pense pas qu'ils veulent du mal à leur prochain. Ils veulent juste les mêmes droits que les autres et surtout ne pas en avoir moins qu'eux, chez eux. Les Martiniquais ont toujours été accueillants même s'ils n'ont pas forcément été bien reçus ailleurs.

Sans nous faire plus bêtes que nous le sommes, nous pouvons comprendre les motivations de ces hommes blancs sans qui nous ne pourrions scander aujourd'hui "péyi a sé ta nou, sé pa ta yo". Le commerce triangulaire était en grande partie leur affaire. Aimé Césaire voyait un "génocide par substitution", moi je vois une "dilution programmée". Ceux qui nous ont emmenés à la Martinique la revendiquent et ceux qui y sont nés également. Les deux parties souhaitent que l'autre n'y soit plus, mais hélas malheureusement pour certains, aujourd'hui nous devons cohabiter. Je pense que l'honnêteté historique et le respect des uns envers les autres règleraient de manière définitive cette animosité.

Philosophes et intellectuels, courants et idées

L'émancipation est la ligne directrice qui guide cet ouvrage. Celle même qui animait le cœur de nos philosophes, Césaire, Fanon, Glissant, Confiant, Mona… et bien d'autres que je vous laisse le plaisir d'ajouter à cette liste. Aujourd'hui on ne reconnaît pas d'idées nouvelles des politiques, intellectuels, philosophes ou artistes, pour guider ce que nous considérons tous, autochtones, comme notre pays. Avec beaucoup de précaution encore, je dis qu'il n'y a pas d'idée nouvelle car les idées, pensées et réflexions se déposent sur du papier et non par des proclamations bruyantes devant des tribunes qui ne conduiront jamais à aucune respectabilité de celui dont on attend une considération. Bien sûr l'action est importante et il n'est nulle intention de détourner l'importance des actions des uns et des autres. Il doit y avoir une complémentarité entre les participations actives de la population et des projets constructifs visant à l'émancipation collective.

Afrocentrisme

C'est une représentation du monde en cherchant à mettre en avant l'identité particulière et les apports des cultures africaines à l'histoire mondiale.

Panafricanisme

C'est une vision globale socioéconomique et culturelle, mais aussi un mouvement politique qui promeut l'indépendance totale du continent africain et qui encourage la pratique de la solidarité entre les africains, et les afro-descendants partout sur la planète.

Aimé Césaire, "le nègre fondamental"

Né le 26 juin 1913 à Basse pointe, et mort le 17 avril 2008 à Fort-de-France. Il est écrivain, poète, dramaturge, essayiste, biographe et homme politique (maire de Fort-de-France et député de la Martinique pendant plus d'un demi-siècle). Fondateur et représentant majeur du mouvement de la négritude. Il dira :

"Je me sens fondamentalement Martiniquais, fondamentalement antillais, fondamentalement nègre... l'histoire a fait de moi un francophone, mais l'histoire a fait de moi d'abord essentiellement un antillais et fondamentalement un noir donc un africain... Je n'ai jamais dit que la Martinique c'est simplement un morceau d'Afrique ce n'est pas vrai, ce serait une simplification de ma pensée, mais je sais aussi que mes ancêtres ne sont pas les gaulois[16]..."

"S'il n'y a pas de nègre premier, il n'y a pas de créole second. Cela n'existe pas[17]"

---

[16] Source youtube : https://www.youtube.com/watch?v=TOTv1QJb0o8
[17] Source youtube : https://www.youtube.com/watch?v=fWrk9488094

"...je ne suis pas du tout créolisant. Pas du tout créolisant pour plusieurs raisons et c'est que peut-être j'ai très fort le sentiment de l'infirmité de cette langue qui s'appelle le créole, qui me parait vraiment une petite langue régionale, d'une portée extrêmement limitée, non pas du tout que je la méprise... Choisir le créole c'est un peu se couper du reste du monde.[18]*"*

---

[18] Source youtube :
https://www.youtube.com/watch?v=Mi9y6XattB4
(Discours donné en 1963)

Frantz Fanon, "l'humaniste"

Né le 20 juillet 1925 à Fort-de-France, et mort le 6 décembre 1961 aux Etats-Unis. Il est psychiatre et essayiste français. Il sera l'une des figures emblématiques de la lutte anticolonialiste. Il dira :

"Le Noir veut être comme le Blanc. Pour le Noir, il n'y a qu'un destin. Et il est blanc. Il y a de cela longtemps le Noir a admis la supériorité indiscutable du Blanc, et tous ses efforts tendent à réaliser une existence blanche.

N'ai-je donc pas sur cette terre autre chose à faire qu'à venger les noirs du XVIIe siècle ? Dois-je sur cette terre me poser le problème de la vérité noire ? Dois-je me confiner dans la justification d'un angle facial ? Je n'ai pas le droit, moi homme de couleur, de rechercher en quoi ma race est supérieure ou inférieure à une autre race. Je n'ai pas le droit , moi homme de couleur, de souhaiter la cristallisation chez le blanc d'une culpabilité envers le passé de ma race. Je n'ai pas le droit , moi homme de couleur, de me préoccuper des moyens qui me permettraient de piétiner la fierté de l'ancien maître. Je n'ai ni le droit ni le devoir d'exiger réparation pour mes ancêtres domestiqués. Il n'y a pas de mission nègre ; il n'y a pas de fardeau blanc[19]..."

Édouard Glissant, "le créoliste"

Né le 21 septembre 1928 à Sainte-Marie (à la Martinique), et mort le 3 février 2011 à Paris. Il est romancier, poète et philosophe. Il est fondateur du concept d'antillanité.

Patrick Chamoiseau

Né le 3 décembre 1953 à Fort-de-France à la Martinique. Il est romancier, scénariste, théoricien de la créolité. Il a eu un prix Goncourt en 1992 pour son roman "Texaco".

Il participe à la création du manifeste de la créolité avec Jean Bernabé et Raphaël Confiant.

Il collaborera également avec Édouard Glissant sur le concept de "mondialité".

---

[19] Tiré de l'ouvrage de Fanon : *Peaux noires, masques blancs*, publié en 1952 aux Éditions du Seuil.

Raphaël Confiant

Né le 25 janvier 1951 au Lorrain, à la Martinique, Il est un écrivain et anciennement professeur à l'université. Il a publié le premier dictionnaire du créole martiniquais (éditions Ibis Rouge, 2007).

Jean Bernabé "le créoliste"

Né en 1942 au Lorrain (à la Martinique), et mort le 12 avril 2017 à Fort-de-France. Il est un écrivain et linguiste français. Cofondateur du concept de "créolité".

Avec le plus grand des respects et l'humilité qui m'accompagne, je pense qu'il est important de reconnaître le travail respectueux de ces hommes. Cependant les déifier en les citant inlassablement comme une formule magique, parce qu'un cheminement personnel n'a pas su répondre à l'intrigue de qui l'on est, peut être un handicap sur des révélations menant à notre propre émancipation. Ces hommes ont mené dans leur époque respective des actions, mais ils ne savaient pas tout. Frantz Fanon est clairement humaniste et il cherche juste sa tranquillité d'être humain libre avec ses préoccupations contemporaines définies par des réalités indissociables des conséquences du colonialisme. Lorsqu'il quitte son pays natal, que fuit-il exactement ; ce qu'il considère comme une persécution injuste à l'encontre de l'innocent héritier et simplet côlon ou la petitesse de son peuple à ne pas se remettre debout ? S'il considère que l'esclavage est le passé il semble vouloir ignorer la persécution continuelle. On peut être humaniste et reconnaître la place de l'être humain avant toute doctrine, mais il ne faut pas faire la politique de l'autruche devant le scandale sous prétexte de ne pas se sentir concerné. Ce genre de discours trop longtemps relayé aura conduit à la division du peuple au lieu de le rassembler. Le combat pour l'émancipation d'un peuple se fait sur place avec la plume et le sang et non en s'expatriant dans d'autres nations. Pourquoi écrire un ouvrage qui semble vouloir mener à l'émancipation si c'est pour s'enfuir ? Les Noirs veulent-ils être blancs ou bien veulent-ils ne plus être persécutés par les blancs ?

Dévaloriser la conscience noire ne me paraît pas productif. À qui s'adresse "Peau noire, masques blancs" lorsqu'on sait que dans les années 50, peu de Martiniquais lisent correctement. Lier humanisme et déni me semble dangereux. Il faut faire la part des choses sans encourager l'abandon de l'estime de soi au profit de quiconque avant même l'idéologie de l'humanisme. Ici cette pensée largement relayée et institutionnalisée aura servi à dévaluer la respectabilité et même infantilisé la conception de l'égalité humaine vu du côté des descendants d'hommes mis en esclavage. Il ne faut être ni collaborateur de notre déchéance, ni soumis. Ainsi, si près de 70 ans après la conclusion du philosophe nous arrivons encore à nous poser les mêmes questions c'est que la méthode n'a pas été comprise ou bien qu'elle n'était pas la bonne. Lorsque je découvre ce passage : *"Le Noir, à certains moments, est enfermé dans son corps. Or, pour un être qui a acquis la conscience de soi et de son corps, qui est parvenu à la dialectique du sujet et de l'objet, le corps n'est plus cause de la structure de la conscience, il est devenu objet de conscience[20]"*.

---

[20] Extrait de "Peaux noires, masques blancs"

Pour être né en région parisienne, je ne suis pas venu dans le monde français avec des problèmes et des blessures liées à mes origines, puisque je découvrais avec effroi les conditions de mes aïeux entre deux pages d'un livre d'histoire. Ce sont les autres qui n'ont eu cesse de me rappeler qu'ils me voyaient différent d'eux. Alors le modèle ici suggéré par Fanon, et par les dociles et discrets martiniquais de France, ne fait qu'affaiblir notre descendance ignorante, dans un monde foncièrement raciste. Si les grandes pensées philosophiques ne s'adressent qu'à une poignée d'initiés, leur valeur est relativement nulle, car c'est le prolétariat qui fait la société. Si le peuple demeure sous-équipé de bon sens, les siècles passeront avec les mêmes problématiques en révélant les mêmes suggestions. Il dit : "Seront désaliénés nègres et blancs laissés enfermés dans la Tour substantialisée du Passé", mais où a-t-il vu le témoignage d'un blanc qui parle de symptômes post-coloniaux le concernant ? Le "nègre" a-t-il une maladie psychique irréelle où il serait tourmenté par des chimères ou bien ne le culpabilise-t-on pas à tort en masquant l'attitude désinvolte blanche qui serait quant à elle dégagée de toute responsabilité ?

Il n'y a pas de paranoïa dans l'esprit de celui perpétuellement persécuté. Seul un traitement peut guérir une maladie psychique ou physique si elle est avérée ; cependant mettre sous cloche c'est prendre le risque qu'aucune thérapie ne puisse être appropriée dans l'avenir du prétendu malade.

Pour Césaire il redéfinit le mot insultant "nègre"en lui donnant une dimension universelle. Ce qu'il pense du Créole…

Sans vouloir simplifier la pensée de l'homme ou m'éloigner de la complexité du sujet et encore moins le critiquer sans considérer l'époque et le contexte, peut-on garder objectivement ce genre de discours si l'on considère après plus de détails et de précision qu'être créole ne se résume pas juste à une transformation ethnique liée à une déportation. Cela signifierait que l'on exclut la diversité plurielle apportée par les autres races au long des décennies, durant et après la traite. La langue créole n'est pas vernaculaire, puisqu'elle est parlée aujourd'hui partout sur la planète et même chantée dans des communautés asiatiques, ou européennes caucasiennes. Également enseignée à l'université d'Aleu en Allemagne par le professeur Ralph Ludwig. Il dit :

"Le créole pour moi c'est une langue qui vit pleinement. En créole on peut rire, en créole on peut vivre des formes de vie qui n'existent, pour moi, pas ailleurs[21]…"

---

[21] Source youtube :
https://www.youtube.com/watch?v=djG_BBnbxgs

Aujourd'hui
(2020)

Aujourd'hui, la population de la Martinique est un composite pluriethnique lié dans un premier temps à la colonisation dans la période esclavagiste et que l'on définit comme la créolisation. Ce processus visant à introduire de force une culture, un mode de pensée tout en bénéficiant gracieusement de main d'œuvre forcée gratuite. Au bénéfice de ce monstrueux commerce et diabolisation de la mise en esclavage d'autrui, il en résulte des populations qui se sont au fil du temps accoutumées et mélangées. Nous pouvons à juste titre parler des bénéfices de la Créolité, sans pour autant la confondre avec la créolisation. Ces deux termes sont liés et opposés en même temps. Il est sûr qu'aujourd'hui on peut voir les stigmates laissés sur une couche de la société Martiniquaise qui se cherche une identité, allant jusqu'à se trouver des ressemblances avec tous les pays voisins et porter un titre caribéen ou même africain. D'un autre côté, on trouve une autre partie de cette société qui ne s'intéresse absolument pas à cette douloureuse histoire, parfois parce que ces personnes y sont complètement étrangères de par leurs origines ou bien encore d'autres qui subissent les effets de la mondialisation. Juste après l'abolition et la perte de leurs privilèges, les esclavagistes convaincront leurs victimes qu'il est nécessaire d'oublier leur passif pour faciliter la vie en communauté. Le travail fait dans les esprits des aînés aura été tellement efficace qu'aucune transmission ne se fera plus. La mémoire de nos parents s'amenuise et il devient difficile de retracer avec minutie les évènements passés. De nos jours, on trouvera même une jeunesse qui ne connaît absolument pas la date anniversaire de la libération. Ce pays est partagé en trois sentiments distincts qui empêchent l'aboutissement à une cohésion régionale. I ni sa ka palé kréyol ! Il y a ceux qui parlent français ! Il y a ceux qui ne feront aucune distinction prétextant l'ambition d'avancer.

Ces individus que nous voyons de plus en plus, d'origine européenne, qui migrent vers une sorte de nouvel eldorado, ou bien encore enfants du "Bumidom" et vulgairement appelés "Négropolitains" viennent avec des idées nouvelles et la plupart ne souhaitent pas s'intégrer et faire face à des polémiques, mais veulent seulement profiter de cette île que ses autochtones considèrent paradisiaque et dont la carte postale a su attirer cette nouvelle population.

Hormis géographiquement, nous ne reconnaîtrons pas de raisons qui nous suggèrent plus de ressemblances avec nos pays voisins que de notre colonisateur, car nous ne pouvons nier que nous avons subi par le fouet l'éducation de celui-ci. On trouvera des ressemblances culturelles des deux côtés si l'on compare les réalités historiques et contemporaines avec la plus légitime fidélité.

La population qui vit en Martinique peut-elle même dire qu'elle est Martiniquaise puisqu'elle vit, consomme et raisonne même comme des Européens ? Comparativement on retrouve dans le comportement des anciens esclaves d'Amérique qui sont rentrés au Libéria (en Afrique) de 1822 à 1867, des attitudes colonialistes envers leurs congénères. Leurs systèmes politique, vestimentaire et architectural venaient de leurs connaissances américaines. La cohabitation difficile avec les peuples autochtones conduira petit à petit le pays dans une guerre ethnique dès le début des années 80. Le traumatisme de l'aliénation conduit à un mimétisme involontaire même si l'on est convaincu de vouloir retourner à sa composition originelle. On peut le constater ici en prenant pour exemple notre alimentation. Sont en minorité ceux qui mangent encore local tous les jours. Lorsqu'on parle de *trempage* aujourd'hui c'est plus par mode. Le fruit à pain qui était l'unique repas quotidien pendant les années 40 est devenu exceptionnel. Les habitants de la Martinique fêtent Halloween en Novembre, Noël avec du caviar, des truffes, du foie gras... boivent du champagne au point d'en être le premier consommateur au monde par rapport à sa population. À l'inverse, *La ribot, le lasotè...* ne sont plus dans les mœurs. On peut manifestement constater que les habitants de la Martinique ne vivent pas à la martiniquaise avec les valeurs d'antan. La musique est devenue un folklore que les DJs des soirées évènementielles populaires n'osent pas s'aventurer à passer. Les radios sont quant à elles assujetties à des formats qu'elles sont incapables d'expliquer et justifier. Tout ce qui vient d'ailleurs est toujours mieux aux yeux de la population. Les gens ont même pris pour coutume de dire que *"nul n'est prophète chez soi"*, ainsi pour justifier leur accord parfait avec l'abandon et la non-considération pour tout ce qui est local, peu importe la qualité.

À présent, accepter d'être français ou européen c'est probablement plus un moyen d'appartenir à un groupe d'individus qui ont un niveau social, culturel et un pouvoir d'achat plus élevé, bien plus que de se reconnaître parmi des hommes dits de race caucasienne. Il faut vraiment être ignorant pour croire que la France est un pays peuplé d'hommes blancs (caricaturés en gaulois). La France a toujours été envahie par tout le monde. Il suffit d'avoir été scolarisé en métropole pour voir que vous avez forcément connu dans vos classes au moins un asiatique, un arabe, un africain noir, un italien, un espagnol… C'est ce regroupement culturel qui fait la richesse de la France, car en réalité ce pays n'est riche que de spéculations et d'endettements. Son histoire est grande de part les guerres qu'elle aura menées sur la planète entière avec tout le monde, donc elle aura toujours quelques dates importantes à commémorer s'il elle s'en donne l'honnêteté. Seulement, il y a tellement de territoires ultra-marins qui forment cette nation qu'il serait compliqué d'en célébrer tous les anniversaires. Ici nous ne chercherons pas d'excuses pour expliquer que les choses ne sont très certainement pas faites comme elles devraient l'être, mais nous accorderons à cet état souverain que seuls les évènements ayant eu lieu sur le territoire national l'intéressent et que la France ne veut pas et ne peut pas s'éparpiller dans ses programmes d'histoire. De toute évidence, allez apprendre la grande défaite de Napoléon, à Vertière en Haïti, le 18 novembre 1803, aura peu d'écho pour un fils d'immigré algérien. Paradoxalement il est difficile de comprendre certaines falsifications et oublis historiques, et qui auront transformé la face du monde, sauf si l'on accepte que l'histoire ne s'écrit que par les vainqueurs. Si les haïtiens n'avaient pas défait l'armée de l'Empereur, ce dernier n'aurait très probablement pas été obligé de vendre la Louisiane.

Matinik contre Martinique

...qui sont les habitants de la Martinique ?

Les Békés

Ils sont pour beaucoup encore, toujours emprisonnés au milieu du XVIIIè siècle, ne se mélangent toujours pas à la population noire et s'efforcent de perpétuer le mariage entre cousins. On reconnaîtra qu'ils ont même du mal à se mélanger avec des caucasiens venus du continent, car pour la plupart ils se sont inventés une lignée de nobles. Le racisme est tellement ancré profondément dans leur ADN, que ceux qui voudront une union mixte se verront déshérités.

Les syro-libanais

On les voit uniquement dans leurs magasins, mais ils ne se mélangent pas au reste de la population.

Les asiatiques

La communauté chinoise représente majoritairement la population asiatique. Certains sont arrivés juste après l'abolition de l'esclavage en tant que coolie, en même temps que les indiens et les congolais. Contrairement aux indiens qui auront continué à travailler dans l'agriculture et du même fait à porter le titre de "coolies", seuls les chinois se seront intéressés au commerce, pour ceux qui seront restés. Ils restent cependant égaux à eux-mêmes. Ils ne se mélangent que très rarement à la population locale. Ils sont motivés uniquement par le profit et le capitalisme, ne s'intéressant aucunement à la culture locale. Seulement une seule grande famille a su s'implanter intégralement dans le paysage et gagner le respect de la population. Généralement on les considère comme un peu racistes, peut-être à tort.

Les européens blancs

Ils proviennent majoritairement de France, mais viennent également de pays d'Europe. Ils arrivent en masse par invitation de leurs prédécesseurs ou juste en continuant un programme mis en place par les autorités pour améliorer leur condition de vie. Ils ne connaissent strictement rien à l'histoire coloniale et la découvrent soit avec stupéfaction, soit avec nonchalance, étant juste motivés par le capitalisme (saupoudré d'un grain de racisme pour certains).

Les européens noirs
Sont des locaux ayant grandi ici mais qui se sont complètement assimilés au point de toujours avoir les réponses pour justifier le fait qu'il faille se défaire du passé qui selon eux emprisonne les locaux noirs.

Les "Nèg"
Sont les autochtones noirs qui revendiquent soit leurs origines africaines, soit d'être légitimement propriétaires de l'île. Ils sont racistes par réflexe lorsqu'ils se sentent en situation de discrimination ou entre eux-mêmes, en cause à effet à une éducation coloniale. On peut reconnaître chez certains un attachement particulier aux valeurs d'antan accompagné d'un fort intéressement pour la culture locale.
Ils ont pour slogan "Péyi a sé ta nou" et revendiquent une identité martiniquaise ou caribéenne, excluant selon eux les békés et tous immigrants.

Parmi eux se distingue une jeune génération imprégnée d'une énergie héroïque maronnesque[22] même si leurs actions peuvent quelquefois être discutables sur la façon d'agir, mais ils auront le mérite de porter des actions qui auraient dû être menées par leurs aînés.

Les modérés

On peut reconnaître en eux des individus qui se sont assimilés au programme de "dilution de la population" en adoptant toutes les règles qu'apportent une éducation étrangère. La seule préoccupation de ces personnes est de garder leur confort, certainement traumatisées par la forte précarité de la période de l'amiral Robert jusqu'aux années 90. Maintenant ils s'estiment bien lotis au regard des îles voisines et se satisfont de leur condition. Ils adoptent le même langage que "le père violeur" qu'est la France sans renier leur matrice la Martinique.

---

[22] Marronesque : néologisme de l'auteur relatif à une épopée d'un "nèg mawon". Le "Nègre marron" étant un homme de couleur rebelle et fuyant sa condition d'esclave.

Les Martini-cains[23]

Les premiers étaient sous influence du mouvement rastafari venu de la Jamaïque, à partir des années 70. Aujourd'hui nous faisons face à de nouveaux Martini-cains, ceux qui ont pour modèle les américains et tous les travers des ghettos noirs. Cette génération qui émerge depuis le début des années 2010 avec la naissance de la musique *Trap*[24], qu'ils portent comme référence culturelle. De plus en plus de jeunes ont pris pour repère et modèle de réussite l'univers des gangs. Ce mouvement de jeunes livrés à eux-mêmes est très visible dans les zones défavorisées où l'on rencontre des parents démissionnaires et des fois eux-mêmes mal-éduqués. La précarité se sera installée en masse dans certains lieux tout en créant des disparités. Ces personnes sont souvent convaincues que le monde "Babylone" est contre eux et se victimisent en permanence sans essayer

---

[23]Martinicain est un néologisme où l'auteur utilise le préfixe "Marti"de Martinique avec les suffixes "cain" des mots Jamaïcain et Américain. Ce qui représente selon l'auteur des personnes vivant en Martinique sans personnalité.
[24]La Trap musique a pour base le gangsta rap.

de sortir de leur travers : vols, drogues, alcools et sexes.

"Les étrangers"

Ceux qu'on aime pointer du doigt en affligeant d'être des "étrangers" que sont les dominicains, les dominiquais, et plus majoritairement saint-luciens et haïtiens se retrouvent beaucoup dans les agglomérations de Fort-de-France et du Lamentin. Les dominicaines se prostituent en masse qu'elles soient nouvelles arrivantes ou installées depuis plusieurs années. Les haïtiens sont, pour les plus anciens, des travailleurs que l'on retrouve dans des emplois précaires. Ils travaillent essentiellement sur des marchés, dans l'agriculture ou bien encore en tant qu'aide-ménager. La plupart sont discrets et respectueux. En revanche, leurs enfants nés en Martinique et donc français suivent les mauvaises influences liées à l'éducation de la télévision, des médias, radios et internet et se tournent vers le banditisme. D'ailleurs on reconnaîtra les mêmes travers chez les enfants des autres communautés.

Comptent aussi parmi "les étrangers" au regard de la population, les enfants de Martiniquais noirs nés en France. On les appelle des "négropolitains".

Il y a probablement encore d'autres déclinaisons, mais nous n'allons pas prendre la place des sociologues et détourner notre recherche principale en un dictionnaire de genres. Voilà la démonstration concrète d'une population cosmopolite créée entièrement par le colonialisme. Aimé Césaire dans son discours à l'assemblée nationale en novembre 1975 considérera que nous appliquons "un suicide par substitution" ce qui sous-entend qu'on nous aurait donné la corde pour nous pendre nous-mêmes. Moi j'y vois plus une "épuration territoriale" ou une "dissolution de la population", mais sans aucune conscience du peuple, alors ne participons pas volontairement à notre disparition. En tout cas, nous faisons face à un programme tactique militaire bien mené.

Il y a quand même un risque qu'on ne peut garder sous silence, si l'on continue à nier que sur un si petit territoire il y a des gens qui vivent en communautarisme et d'autres ou les mêmes encore qui manifestent du mépris pour la population noire ; il y aura à terme une guerre civile avec de véritables troubles. Ce n'est pas du pessimisme, mais bien une observation mesurée.

Le racisme

"Le racisme prend son aise là où l'on veut bien l'accueillir et la surprise est de remarquer que ceux qui s'en indignent à leur encontre peuvent l'être aisément envers les autres."

Le racisme anti-blanc ou encore anti-béké n'existe pas. Ce qui est vrai c'est que le racisme est majoritairement orienté vers des individus que l'on considère comme inférieurs ou même envahissants et ce peu importe la couleur de leur épiderme. La persécution des juifs par les allemands pendant la seconde guerre mondiale en est la preuve manifeste. Avez-vous déjà vu dans un dictionnaire écrit racisme, suivi de racisme anti-blanc ? Ce qui existe c'est le racisme, c'est tout. Ceux qui essayent de manipuler les mots en font une hiérarchisation qui entraînera inexorablement des révoltes et des soulèvements. Il ne faut en aucun cas se faire endoctriner par ce genre de propagande. L'idée étant de faire croire à une population victime d'injustice qu'elle n'est pas la seule puisque même les blancs subissent ce harcèlement quotidien. Pour ma part être pour la paix ne veut en aucun cas dire accepter et fermer les yeux sur les pressions systématiques que reçoivent les gens dits de couleur ou de minorité. Certains artistes comme Lilian Turam en ont reçu les foudres, et ne se sont que trop excusés. Je pense que plus on s'excuse et plus on nous considère comme faible et coupable. Il faut savoir être juste sans aller dans les dérives de l'absurde.

Si l'on parle d'antisémitisme il faudra accepter que l'on parle aussi d'anticananéenisme[25] lorsqu'il est avéré. Sa ki bon pou zwa pou bon pou kanna ! Le racisme n'a-t-il qu'une seule direction ?

Aussi si l'on parle d'antisémitisme il faut être juste avec la valeur de ce que l'on apporte comme argument. On a tendance à vouloir faire croire que les musulmans sont systématiquement antisémites à cause des attentats que subit la France hexagonale alors qu'au départ les musulmans arabes sont en majeure partie des sémites, puisqu'ils descendent de Sem, fils de Noé. Sans oublier qu'être musulman c'est être avant tout un homme qui pratique une religion et cela ne

---

[25] Anticananéeisme, néologisme de l'auteur qui suppose que les descendants de Canaan seraient noirs et victimes de racisme.

détermine pas une race. On reconnaîtra qu'il y a des musulmans antillais.

Les propos étayés ici ne sont pas là pour servir des révoltes, au contraire, il est important de rappeler ces vérités historiques qui servent souvent de mauvais intérêts.

Le racisme est fortement ancré dans la mémoire antillaise. On le retrouve sous diverses formes. Déjà avec les îles plus ou moins proches de nous et celles avec lesquelles nous avons des liens très proches depuis longtemps, comme Sainte-Lucie, la Guadeloupe ou encore Haïti. Le racisme se manifeste aussi entre les Martiniquais eux-mêmes. J'ai pour ma part rencontré beaucoup de jeunes femmes âgées de vingt à trente ans qui disent ne pas vouloir d'homme de leur couleur (noire) *"pour sauver leur peau"*. Cela ressemble étrangement à un discours vieux de plusieurs siècles, mais tellement profondément inscrit dans nos gènes.

On retrouve aussi le racisme envers les enfants du Bumidom, qu'on appelle "négropolitains" pour marquer la non-légitimité du territoire. Je n'ai jamais rencontré de "négropolitain" qui ne se dise pas offusqué par cette démarcation identitaire.

Sachant qu'être un "négropolitain" veut dire clairement que l'on n'est ni de la Guadeloupe, ni de la Guyane, ni de la Martinique.

Guerre idéologique contre guerre commerciale

Les évènements du 22 mai 2020 le démontrent bien. Des autochtones noirs se chamaillent sur la véritable personnalité de Victor Schoelcher, pour savoir s'il était gentil ou méchant, en omettant que l'histoire écrite d'un seul côté n'est pas l'Histoire, et qu'il aurait fallu que les perdants aient pu s'exprimer, pour que nous sachions qui était véritablement le personnage. Tous, historiens, politiciens et citoyens lambda veulent s'affirmer avec leurs titres et leurs reconnaissances. Beaucoup minimisent l'action menée, quitte à essayer de la rendre infantile et surtout disproportionnée par rapport à l'époque, et préfèrent montrer du doigt ce que l'on pourrait juger plus important et d'actualité, tels que les problèmes de chômage, chlordécone, eaux… Bien sûr, mais il faudrait avoir l'honnêteté de dire que tous ces problèmes sont étroitement liés aux mêmes personnes et qu'afin d'être bien positionnés les élus qui devraient combattre le fond des problèmes font la grimace et jouent un mauvais rôle, quitte à tronquer l'histoire pour la rendre plus lisse. Ces personnes que l'on stigmatise pour leurs actes de barbarie sur de la pierre historique, dénoncent avant tout la différence de régimes en fonction des origines des habitants et surtout la non-considération de la valeur humaine. L'indignation de ces hommes et femmes vient du fait qu'aujourd'hui encore un pays comme la France qui protège des espèces animales sur des territoires inaccessibles au commun des mortels, ne prend pas en compte l'humanité de tous ses citoyens.

Pendant ce temps où nous en sommes encore à rechercher notre vérité historique, la France et la caste Becqué continuent leur guerre économique et écrasent l'île par des prix élevés en plus d'une taxe moyenâgeuse dont profitent les collectivités.

Réparation

À la question *"faut-il demander des réparations ou un dédommagement à la France ?"* je pense qu'il n'y a pas de raison de défaire une nation pour en élever une autre. La France qui est endettée à 98% de son PIB ne le pourrait pas même avec la meilleure des volontés. En revanche si le peuple, encore majoritairement descendants d'hommes mis en esclavage le voudrait, il serait beaucoup plus sensé que notre "tuteur" nous accompagne vers l'indépendance totale. Il n'est pas question de nous abandonner à notre sort après nous avoir vampirisé de toute notre énergie, avec l'espoir que nous ne nous remettions jamais de notre audace. L'exemple de l'empire colonial britannique avec la création du commonwealth pour ses anciennes colonies est à suivre.

La meilleure des indemnités est celle qui mène à l'émancipation. Le déni encore des dirigeants colons qui accusent la victime d'être activiste et dangereuse pour la paix mène doucement à l'inévitable révolution. Des plaies ouvertes ne peuvent guérir si on les écorche régulièrement.

Les hommes cherchent juste à rétablir l'équilibre naturel qui leur a été confisqué et aujourd'hui les lumières sur le passé traversent les paupières de l'humanité.

Jadis l'Homme était un nomade explorateur. Chaque individu pouvait aller au plus loin que ses forces pouvaient le mener. Depuis la création des frontières et des pays, on a privé de liberté les êtres humains du monde entier. Seuls quelques politiques ou rois peuvent aller et venir comme bon leur semble. Aucune terre n'est la propriété d'aucun vivant. On vous enterrera là où on aura décidé de vous mettre et non là où vous avez le désir de demeurer après votre mort. Y a-t-il une logique ou une morale à ce que des peuples entiers soient sous l'emprise de la valeur réelle économique ou encore de la spéculation que l'on veut bien accorder à leur nation pour qu'ils aient le droit de se déplacer ailleurs que le lieu qu'on leur impose ?
Un haïtien pauvre n'a pas le droit d'aller sur un territoire dit français et à contrario un français peut aller là où il en a envie. Quelle est donc cette logique qui ne semble déranger personne et que je

compare aux mêmes maladresses qui faisaient des afro-descendants des biens matériels il y a quelques années de cela. Avec le même raisonnement pour les blancs, européens etc... qui viennent à la Martinique, cela ne doit aucunement être un problème dans l'esprit de quiconque se prétend légitime, et le respect doit être à la même hauteur pour celui qui vient sur un territoire majoritairement peuplé de personnes possédant un héritage particulièrement difficile.

Tous les hommes devraient pouvoir aller où ils le souhaitent sur cette petite planète. C'est avec ce même état d'esprit que Frantz Fanon est arrivé en Algérie. La liberté que les hommes réclament en France depuis la prise de la Bastille en 1789 semble n'avoir été comprise qu'à moitié. Cette liberté ne doit pas être le privilège d'une partie de la population ou encore de quelques privilégiés, mais elle doit être universelle.

Seule l'universalité de la liberté et le droit d'aller où l'on veut cessera ces guerres immorales qui sont le cancer de la planète tout entière. Les pays peuvent garder leur frontières ou leur nom sans que cela ne soit dérangeant pour quiconque. Ne croyons pas que les peuples se ruent vers des pays dits riches, tout le monde ne porte pas les mêmes valeurs. Il y aura toujours ceux qui veulent la ruralité et d'autres l'urbanisme. Ceux qui veulent les climats tempérés et ceux qui préfèrent les climats tropicaux. Ceux qui sont intéressés par l'argent et ceux qui se disent "végan" et ne cherchent pas l'enrichissement. N'ayons pas peur des goûts des autres, ils sont la diversité et la beauté de notre monde. La Terre possède encore suffisamment de ressources pour l'humanité. Si un jour nous venions à manquer de ressources ici bas, allons à la conquête d'autres planètes vierges d'occupation. Voilà comment l'ensemble des hommes doit réfléchir pour arriver à explorer l'univers plutôt que de gaspiller nos énergies dans des bêtises ancestrales.

La France ou plutôt ses dirigeants ont une grande part de responsabilité concernant les conflits sociaux sur l'ensemble de ses territoires ultra-marins. Le problème ne vient pas des blancs arrivant ou des locaux, mais bien de la différence de faveurs accordées. Un fonctionnaire qui arrive à la Martinique aura des facilités et des privilèges qu'un local n'aura pas s'il est envoyé en France. Bien sûr, cette différence ne se juge pas directement à la couleur de peau. Un français d'origine africaine venant aux Antilles aura les mêmes droits qu'un blanc. Les choses n'ont quand même pas été traitées directement de manière raciale. Cependant, on distinguera qu'il est bien plus fréquent qu'un français blanc vienne à la Martinique, qu'un français noir. Comme cela a déjà été dit ; ce n'est pas du racisme de le constater et de le dénoncer. Nous ne devons pas être les ennemis des blancs qui font le choix de changer de vie, sous prétexte que la hiérarchie institutionnelle ne reconnaît pas ses erreurs, juste par égo, en prétextant appliquer la législation. Nous ne devons pas être les instruments et les dommages collatéraux des problèmes posés par des personnes qui pleurent pour que le peuple les élise et une fois en place la vanité et l'égo acquis par les pouvoirs qui leur sont conférés, les font oublier le devoir de moralité qu'ils ont à accomplir. Nous parlons ici du plus petit élu local jusqu'à la plus haute instance de la démocratie française. Ces personnes doivent faire le travail qui vise à protéger la population et les représentants de l'ordre qui se retrouvent souvent dans des confrontations. Les deux parties sont légitimes dans leurs actions et pourtant on retrouve des hommes qui s'affrontent. Ces choses ne sont plus tolérables. Nous devons nous humaniser, respecter les douleurs des uns et des autres, mais aussi ne voir rien d'autre que des hommes devant nous.

Il n'est pas question dans mes propos de dévaloriser mais de voir les hommes dépasser leurs croyances et coutumes pour valoriser l'Homo sapiens.

Démographie

Selon l'INSEE au 1er janvier 2019 le recensement de la population était de 382 294 habitants .

La diminution de la population s'explique par un solde migratoire négatif qui n'est pas compensé par un solde naturel positif.

Selon le rapport n°72 de janvier 2011 de l'INSEE Antilles-Guyane ;

"En 2040, la population martiniquaise sera de 423 000 habitants, si les tendances démographiques récemment observées se maintiennent. Le rythme de croissance de la population sera trois fois plus faible qu'aujourd'hui.

Les décès seront plus nombreux que les naissances et l'augmentation modérée de la population sera portée uniquement par l'excédent migratoire. Le vieillissement s'accentuera : 40% des Martiniquais auront plus de 60 ans, alors que ce ne sera le cas que de 31% des Français."

"...Les migrations accéléreraient le rythme du vieillissement de la population. En effet, la région

*continuerait à être attractive pour les personnes
aux âges de la retraite. Dans le même temps, les
jeunes de 18 à 30 ans seraient plus nombreux à
quitter la Martinique qu'à s'y installer."*

Selon le recensement du chômage au 21 novembre
2019, le pôle emploi annoncerait 52 000
demandeurs d'emplois.
Les martiniquais natifs noirs obtiennent
difficilement des crédits pour financer des
commerces. En contrepartie il y a eu émergence de
commerces tenus par des communautés syrienne,
libanaise, juive et asiatique soit par
autofinancement de leur communauté soit par des
prêts bancaires. D'ailleurs, Fort-de-France la
capitale économique et financière est
essentiellement tenue par des étrangers.

La démographie est en chute libre depuis quelques
années et certains l'associent maladroitement à un
département vieillissant. Non, la vérité est ailleurs !
Nous avons chassé nos jeunes de chez eux en
suivant un programme mis en place en 1963.

De larges campagnes sont menées pour expatrier les jeunes fraîchement titulaires d'un baccalauréat, vers le Canada, les États-Unis, la France hexagonale et récemment l'Asie. Malgré le campus universitaire local, la propagande du corps enseignant pour l'éloignement, surenchéri par un discours sur les possibilités d'émancipation de nos jeunes à l'étranger, accentuera le phénomène de non-retour. Les chances de grandes réussites sur le sol français sont tout aussi réduites du fait que la France se trouve en Europe et qu'il faut fortement considérer l'affluence de jeunes venus des pays voisins pour les mêmes raisons. On parle peu à ces jeunes de leurs prédécesseurs qui ont largement échoué et se retrouvent à occuper de petits contrats de travail. Cette méthode rappelle étonnement l'appel du Bumidom.

Depuis plusieurs décennies, il y a plusieurs vagues de jeunes qui partent pour ne pas revenir. Le premier mouvement aurait eu lieu en masse dans les années 70 avec l'appel du Bumidom. La France ayant besoin de main d'œuvre pour certains corps de métier, dans la fonction publique notamment, elle offrira du travail et beaucoup de rêves à de jeunes antillais au chômage. Beaucoup ne reviendront jamais ou plutôt de manières occasionnelles par le biais de congés dit "bonifiés". Beaucoup qui auront décidé de revenir chez eux après l'aventure ou même les désillusions de la métropole, auront du mal à s'adapter à la mentalité et l'esprit fort qui règnent aux Antilles. De même pour les enfants de cette génération qui auront essayé de venir s'installer sur leur "terre promise", ils auront été catalogués comme des Négropolitains, avec des difficultés à s'intégrer face à la culture locale différente de celle dans laquelle ils ont grandi, mais aussi en raison d'un mauvais accueil des locaux.

Pendant que l'on fait croire qu'il n'y a pas de travail à la Martinique, des entreprises venues d'Europe prennent des marchés du BTP ou même encore des espaces verts, avec du personnel ne parlant ni français ni anglais, et encore moins créole.

Dans le secteur de la médecine, il y a une population d'Europe de l'est venue en masse au CHU faire ses études, et sont embauchés des docteurs provenant de toute l'Europe et d'Afrique.

D'autres français caucasiens, avec pour certains des attitudes racistes, s'installent dans ce petit paradis avec lequel ils n'avaient aucun lien. Ceux-là encore ne sont pas plus diplômés ou fortunés que les nôtres, cependant ils amènent avec eux l'ambition et la détermination qui font d'eux de vrais entrepreneurs.

Les rapports entre la jeune population de moins de trente ans et leurs aînés se sont considérablement dévalués.

L'enseignement des valeurs de respect et de politesse semble appartenir au passé. L'héritage d'une éducation stricte a laissé place à des procédures législatives qui ont pris petit à petit le contrôle sur le pouvoir des parents. À ceux qui croient que les enfants font des enfants, il est important de rappeler que les biens matériels qu'étaient les femelles adolescentes pendant la traite négrière arrivaient déjà pleines après trois mois de viols passés en mer, et si ce n'était le cas le maître s'en occupait une fois sur place. Non le problème n'est pas là. La différence c'est qu'avant, tout le monde contribuait à l'éducation d'un enfant. De l'entourage familial aux maîtres d'école, en passant par les voisins... Aujourd'hui depuis que l'État s'est sournoisement introduit par un système d'assistance Cafique[26] nommé CAF (Caisse d'Allocations Familiales), il a contribué à déstructurer complètement le socle familial. Les femmes après l'abolition de l'esclavage étaient les premiers entrepreneurs du pays et endossaient quasiment toutes les responsabilités incombant au bon fonctionnement du foyer. À présent, l'oisiveté et ce, peu importe l'âge, est devenu un véritable fléau. La facilité du système a rendu les jeunes les moins enclins à chercher du travail. Une trop grande partie des jeunes femmes délaisse facilement leurs enfants en bas âge et peuvent, sans grand intérêt pour leur progéniture, vaquer à des occupations visant à leur épanouissement personnel, telles que des sorties nocturnes à rallonge ou des voyages. Bien sûr ce n'est pas encore l'ensemble de la population, mais le phénomène semble se banaliser et devenir normal.

L'exhibitionnisme carnavalesque toléré depuis quelques décennies a une forte tendance à dévaluer l'image de la femme. L'appui des médias visuels

---

[26] Cafique : néologisme de l'auteur. Préfixe référant à la CAF.

(vidéos clips, émissions…) ou les diffusions de chansons grossières ont amplifié cette tendance visant à ternir la vertu des femmes.

Les hommes quant à eux ont perdu au fil du temps leur place et leur importance au regard de leurs enfants. Dès leurs premiers pas sur le sol de la Martinique, tout avait été mis en œuvre pour briser ce lien fondamental et leur valeur aux yeux des femmes. La femme qui venait tout juste de subir les assauts de son maître savait que son mari ne pouvait rien faire pour la défendre.

On ne considère plus leur rôle comme majeur au sein de la famille. On retrouve beaucoup de familles monoparentales et bien souvent avec comme seul parent la mère. Cependant cette tendance commence à s'inverser depuis quelques années où l'on trouve quelques pères ayant totalement en charge leurs progénitures.

Les réseaux sociaux ont également eu leurs contributions néfastes sur l'ensemble de la population. Certains s'enrichissent des fausses informations qui circulent à profusion ; d'autres passent leur temps à se moquer ou à harceler en toute normalité.

Le sexe et la violence y sont complètement banalisés et on peut même voir circuler des vidéos pornographiques impliquant des jeunes filles de l'île.

Des affaires mêlant des politiques s'entassent les unes sur les autres.

Les influences des États-Unis ou bien encore des îles voisines ont fortement impacté le comportement des plus jeunes. Notamment par l'influence de genres musicaux tels que le reggae dance-hall qui propagent des vidéos à caractères pornographiques, mais aussi par un phénomène de mode tel que la trap music qui se veut être un rap violent auxquels les jeunes s'identifient.

La drogue et les armes sont devenues un véritable fléau. De plus en plus de jeunes sont armés et des fois depuis le collège. D'autres font les mules pour gagner quelques milliers d'euros, passent de la drogue par voies aériennes et prennent pour modèle des délinquants ou des grands criminels de l'histoire tels que Pablo Escobar, le martiniquais

Kévin Doure ou au Mexique El Chapo (puisqu'il y a même une série télévisée lui rendant hommage).

Certains aînés s'insurgent sur la qualité et l'authenticité du créole parlé. N'acceptant pas ainsi qu'il puisse évoluer. Il est sûr que la méthode employée par les jeunes n'est pas très académique puisqu'ils l'enrichissent par des mots bien souvent venus d'ailleurs (comme le *"Bendo" maison ghetto).*

Il ne faut surtout pas oublier que le créole est une langue vivante et qu'elle ne peut se figer dans le temps comme le latin.

Le mot *Kounia* en Haïti veut dire *maintenant.*

En Guadeloupe *Kou ni a manmanw* voulait dire au départ *le cou nu de ta mère.* C'était une insulte pendant la traite négrière, visant les femmes noires qui n'avaient pas le droit de porter de bijoux au cou. L'évolution veut qu'on lui connaît aujourd'hui une connotation sexuelle sur les parties génitales de la mère.

La pollution du sol par la chlordécone a mobilisé une partie de la population, pendant que d'autres semblent accuser le coup. Des pratiques jugées colonialistes qui auraient mis en danger délibérément l'ensemble de la population. Le PDG du groupe GBH, Bernard Hayot, est pointé du doigt, car il semblerait qu'il ait été le président de la coopérative lors de l'introduction du pesticide sur le territoire.

Les appels à la grève sont quotidiens, mais ne ressemblent en rien à la mobilisation de février 2009 où l'ensemble des DOM s'était mobilisé contre la vie chère.

Symboles

"La Martinique l'île aux trois drapeaux."

Qui n'a jamais vu ou croisé sur des voitures ou sur des images, les drapeaux à quatre serpents, rouge, noir, vert ou bien la tête de Maure (Corse), le petit garçon noir (rasta baby Jamaïque) ou bien encore l'homme qui tient un coutelas. Toutes ces manifestations sont des preuves encore que nous nous cherchons à la Martinique, quitte à adopter parfois des symboles sans même en connaître leur provenance exacte.

Enfin, en 2019, le président Emmanuel Macron adopte une loi pour supprimer le drapeau à quatre serpents. Aujourd'hui, celui-ci reste tout de même encore présent dans le paysage local ou bien sur internet pour représenter la Martinique. Ce drapeau représentait les affaires maritimes colonialistes. Sa seule et légitime place est celle des livres d'histoire. Il avait été remis en valeur comme écusson dans les années 80 sur les uniformes des représentants de l'ordre tels que les gendarmes, les pompiers, les officiers de police… alors qu'il y avait à l'époque sur ceux des militaires de la gendarmerie un tout autre symbole qui représentait les Antilles-Guyane. Il s'agissait d'un blason divisé en quatre avec une mangouste, un serpent, un navire et un caraibe.

Pendant cette même année, un concours est décidé dans la précipitation avec pour but de définir un nouveau drapeau pour représenter la Martinique ainsi qu'un hymne. La charrue avant les bœufs. Ce n'est pas ce qui crée l'identité et le rassemblement d'un peuple, et pour preuve cette action n'a eu comme conséquence que de diviser l'ensemble de la population.

Pour répondre raisonnablement à cette question il aurait fallu premièrement chercher dans les archives ou bien interroger nos intellectuels, philosophes et historiens. M. Serge Bilé a écrit un ouvrage (décliné en DVD) qui s'appelle *Paroles d'esclaves,* publié en 2011. On y retrouve les derniers témoignages de vieux Martiniquais qui racontent l'esclavage tel que leurs grands-parents et arrière-grands-parents l'ont directement vécu. À la page 71 de cette œuvre magistrale, Eugène

Nestoret, né en 1898, rapporte également ce qu'on lui a appris.

Il chante, le jour de ses 105 ans, devant sa famille, une très vieille chanson de libération inventée par les esclaves :

"Souviens-toi Saint-Domingue en cours
Quand il fallait abolir l'esclavage
Le peuple noir vaillant sur ses genoux
La liberté, la liberté, la liberté
Le peuple noir vaillant sur ses genoux
Les lâches Blancs qui manquaient de courage
La liberté a posé son drapeau
Pour ne jamais voir revenir l'esclavage.
Ô pauvre noir, donne un peu du repos
Ô pauvre noir, donne-nous un peu du repos."[27]

Faudrait-il rappeler qu'un hymne n'est pas quelque chose que l'on prend à la légère et que l'on décide à la hâte ? Est-ce pour entrer dans l'histoire ou est-ce le manque de connaissance ou peut-être le mépris et la sur-estime des personnes qui ont

---

[27] Extrait du livre "Paroles d'esclaves", de Serge Bilé.

organisé cette démarche sans prendre en compte la valeur symbolique et historique de leur action ?

Concernant le nouveau drapeau organisé et célébré par la CTM sous la présidence d'Alfred Marie-Jeanne, il n'a aujourd'hui aucune valeur symbolique pour une grande partie de la population qui lui préfère le drapeau rouge, noir, vert, inventé en 1968 par un militant de l'OJAM[28], M. Lessort Victor. Son drapeau a pour mérite de réutiliser les couleurs que brandissaient déjà les esclaves lors des insurrections en 1870. Guy Cabort Masson et Alex Ferdinand ont par la suite disposé le drapeau tel que nous le connaissons. Aujourd'hui, il est fièrement exposé par une partie de la population et a le mérite de gagner le respect d'une large autre partie de celle-ci. Le chanteur, populaire, Kalash en fait lui-même les éloges dans ses propres vidéos clips.

Le drapeau du concours a été discrédité très rapidement pour sa ressemblance avec celle du drapeau de la République de Conch dans l'État de Floride aux Etats-Unis.

---

[28] OJAM : Organisation de la jeunesse anticolonialiste de la Martinique

Statues

Le 22 mai 2020, c'est le premier déboulonnage complet de statues à la Martinique. En effet, deux statues de Victor Schoelcher sont déboulonnées, créant ainsi une polémique et une division du peuple. La statue de l'impératrice avait déjà été décapitée mais jamais on n'avait été aussi loin.

Ensuite, la statue de Joséphine de Beauharnais trônant sur la place de la Savane à Fort-de-France, ainsi que celle de Pierre Belain d'Esnambuc, seront définitivement déboulonnées le 26 juillet 2020.

Voilà une nouvelle fois un événement qui divisera l'opinion du peuple et recevra une condamnation ferme du préfet.

Moi qui suis complétement apolitisé, je me pose les questions suivantes :

Pourquoi le maire qui a été averti de l'éventualité de ce geste   n'a pas déboulonné et mis hors d'atteinte ces monuments qui semblent tenir cher au cœur de l'institution française ?

Est-ce une façon de s'affirmer et montrer sa supériorité ?

N'y a-t-il pas plus de sagesse à éviter les conflits qu'à vouloir affronter un peuple largement sous tension depuis plusieurs semaines ?

Ces statues ne pouvaient-elles pas être mises dans un musée avec des textes explicatifs plutôt qu'être livrées à leur sort inéluctable ?

Qui provoque qui ?

Pourquoi au XXIème siècle avons-nous encore cet étrange attachement pour de la pierre ?

Si le peuple est faible d'esprit, pourquoi les politiques se rabaissent-ils à leur niveau ? C'est une étrange forme d'éducation encore.

Pourquoi vouloir minorer l'action des activistes en les faisant passer pour des "Talibans" comme cela a été largement relayé ?

Les accuser de "voyoucratie", n'est-ce pas exagéré ? Pourquoi employer des terminologies dures et inappropriées pour des personnes qui écrasent des pierres inutiles ?

Cultures

Les deux principaux acteurs d'une société sont les professeurs, formateurs, enseignants… ceux qui s'occupent de la construction psychologique et psychique des individus qui formeront les sociétés du futur, et les artistes.

Lorsqu'un artiste milite pour une idée, celle-ci peut être relayée des décennies voire des siècles après sa disparition.

Biguine vs Jazz

Certains affirment que notre biguine est sans nul doute l'ancêtre du jazz et que l'appellation biguine-jazz est un pléonasme.

Il faut considérer que la biguine apparaît à la fin de l'esclavage dans les années 1840 sur notre île. Cependant la biguine que l'on retrouve dans le bèlè n'a rien de commun avec la biguine dite traditionnelle.

Le jazz lui provient de genres musicaux tel que le Ragtime, le négro-spiritual et d'un mélange de musique européenne.

Cependant on peut reconnaître l'influence sur un certain style de jazz des années 30, de la même façon que le zouk et le konpa s'influencent à tour de rôle aujourd'hui.

Cette ressemblance lointaine est probablement due aussi au fait que le Ragtime et la Biguine ont des bases communes.

On y reconnaîtra une synthèse entre la syncope africaine et la musique classique européenne. Comme pour le créole utilisé dans les caraïbes, qui aura une ressemblance avec celui du Pacifique, puisqu'il empruntera le même pidgin de départ.

Le Bèlè

Le bèlè, né à la Martinique, est un ensemble de pas et de figures issus de l'Afrique, combinés à la quadrille et la haute taille venue d'Europe. Seulement ce genre est encore mal considéré par l'ensemble de la population et ce malgré son intégration récente parmi les disciplines scolaires.

Néanmoins, il existe des associations comme la maison du Bèlè, l'AM4 qui s'évertuent à le populariser.

Les bases du Zouk et de la Kadans Rampa

Le konpa est un merengue haïtien qui fut créé par Nemours Jean-Baptiste et popularisé dans les années 1950.

La kadans est une autre variante qu'invente Webert Sicot pour se démarquer lorsqu'il quitte le groupe de Nemours Jean-Baptiste dans les années 1960.

La Perfecta est créée en 1970, son nom lui provient du groupe d'Eddie Palmieri, qui s'appelle déjà ainsi. Dans ses premières heures, elle jouera de la biguine, de la mazurka et des boléros pour privilégier rapidement la "kadans rampa". Progressivement l'orchestre y intègre d'autres genres musicaux tels que les musiques latines : la salsa, la rumba et le merengue, ainsi que le calypso. Dans les années 1980 le pianiste et directeur musical Daniel Marie-Alphonsine y apportera un style personnel basé sur ses préférences musicales (tel que les Beatles). Cependant son socle restera fondamentalement la kadans.

Le Zouk de Kassav créé en Guadeloupe en 1979 par Pierre Édouard Décimus et Freddy Marshall pour inventer un nouveau genre musical intégrant les nouvelles sonorités technologiques de l'époque, mais aussi - de façon moins glorieuse - pour contrer les groupes haïtiens qui viennent en masse aux Antilles. Selon eux, cet afflux d'étrangers empêchent aux musiciens locaux de vivre de leur métier. Freddy Marshall en fait lui-même la révélation dans un documentaire consacré au groupe le 26 mars 2008 sur France Ô. Il dit : "Ce que je vais dire va choquer certaines personnes, mais en 1978 il y a une réunion de tous les producteurs locaux et musiciens enfin pour ceux qui s'en souviennent...pourquoi ? Parce que pour eux la musique haïtienne avait envahi la Guadeloupe si bien que nos musiciens avaient du mal à manger… qu'en est-il sorti de cette réunion ; ils ont décidé d'interdire physiquement l'entrée des groupes. Alors je me souviens d'avoir choqué en disant : Man pa ka konpwan ! Ni tout kalté ras isi dan, or ce sont des frères et vous voulez les empêcher de venir. Donc il y a l'offre et la demande. Ce qu'il faut faire c'est une MUSIQUE PLUS FORTE…!"

Le mouvement est très populaire dans les années 80, on parlera même de zouk pour les bals populaires. Dans les années 2000 il perdra de sa côte en Martinique face au raggamuffin, au reggae dance-hall, puis le grand retour du konpa new génération dans les années 2010. Aujourd'hui dans les soirées, pour "casser un bal" ou finir la nuit, le DJ passera une série de zouk censée faire fuir les danseurs.

En revanche, dans les années 2000, l'émergence du Zouk se fait au Cap Vert dans un nouveau genre appelé au départ Zouk-kizomba , mélange entre musique traditionnelle régionale et le fameux zouk. Son succès est fulgurant et son appropriation lui vaudra le titre de Kizomba, si bien que même les antillais accourront dans des master class de ce nouveau genre de danse qui consiste à mélanger le zouk avec du tango.

Religions

Pour simplifier nos recherches, nous n'évoquerons pas les croyances et religions pratiquées par les Arawaks et Caraïbes, antérieures à l'arrivée des conquistadors sur l'île de la Martinique. Nous parlerons uniquement des religions pratiquées actuellement. La cohabitation de toutes ces religions est due au caractère tolérant des locaux.

Au XVIe siècle l'Europe est quasiment entièrement sous l'influence du catholicisme. Cette religion donne foi au chrétien qui reconnaît l'autorité du pape. Le code noir régit les pratiques de l'institution de l'esclavage et reconnaît le catholicisme comme unique religion dans les colonies françaises.

Le vaudou, amené au XVIIe siècle et pratiqué au départ par les africains déportés, est originaire du royaume du Dahomey. Il a quasiment disparu du paysage et des tendances de la population. On retrouve cependant encore quelques pratiquants parmi la communauté haïtienne implantée. Cependant cette pratique reste quand même très discrète et controversée.

Le judaïsme est arrivé au milieu du XVIIe siècle. Des juifs hollandais qui fuyaient le Brésil arrivent dans le nord de l'île.

Les orthodoxes, mormons, témoins de jéhovah, adventistes, évangélistes prennent leur essor dans les années 70.

L'hindouisme arrive à la fin de l'esclavage avec les premiers indiens et prendra une expansion dans les années 80.

Le rastafari s'est implanté depuis les années 70. Il aura connu un intérêt particulier des jeunes dans les années 80 à 90 et s'est ensuite légèrement estompé.

L'islam est timidement implanté dans le paysage depuis les années 70.

Conclusion

Notre identité ne se résume pas à la seule position géographique de nos îles et je suppose qu'il ne faille pas faire de raccourci qui nous ferait abandonner ou même désavouer les parties les plus essentielles de ce que nous sommes. L'héritage caribéen est inscrit dans des transmissions culturelles et traditionnelles, mais bien trop faiblement dans notre ADN si ce n'est inexistant. Nous avons sûrement bien plus d'ADN restant des Gaulois que des Arawaks et des Caraïbes si l'on fait un calcul proportionnel au pourcentage de la population locale trouvée sur place et sur sa longévité dans l'histoire de notre arrivée. Bien évidemment nous ne renions pas non plus ceux arrivés après l'abolition, mais il ne faut en aucun cas laisser le déni nous consumer, car les descendants des Gaulois se sont allègrement servis de nos mères et le mélange est indéniable.

Nos parents ont été éduqués pour être hostiles à leur propre personne et tout ce qui peut les représenter de près ou de loin. Dès qu'il y a une ressemblance caractéristique avec le genre afrodescendant, il sera immédiatement "diabolisé".

Culture, religion et couleur de peau sont encore discréditées à ce jour par des termes qui font référence à la couleur. On peut encore entendre en masse chez nos jeunes, qu'une personne est belle lorsqu'elle a un type coolie, métissée et en 2020 certains sont même à la recherche de personnes de type caucasien afin de sauver leur descendance de leur propre malheur. Ce même discours que Schoelcher dénonçait déjà dans son ouvrage "des colonies françaises" en 1842, où les pratiques de nos aïeules visaient déjà à éclaircir leur descendance dans l'espoir d'une meilleure vie.

Le ridicule ne me fera pas dire que je suis européen même si les papiers que je porte le disent. Dans la même pensée, je ne me sens pas français non plus. Les avantages que nous aurions dû avoir en tant qu'enfants de cette patrie pour laquelle notre sang a coulé sur les plantations et dans les guerres, nous ne les avons pas eus. Jamais en France un individu n'aurait pu empêcher l'accès à l'eau, qui est l'essence vitale de l'homme, juste par conflit d'intérêt. Jamais encore on entend parler massivement de vols de terrains, aux profits d'occidentaux. Ce genre de pratiques ne peut avoir lieu que sur des colonies équipées de gouverneurs (préfets) complices et qui pratiquent l'apartheid[29]. Il n'y a aucune orientation politique dans la dénonciation de faits historiques.

Je ne serai pleinement martiniquais que lorsque mes compatriotes auront le cœur qui bat au même rythme et que nous saurons prendre notre indépendance. La Martinique aujourd'hui est encore une colonie française, donc ce territoire leur appartient encore.

Admettons que, injustement et par manipulation, nous nous soyons reconnus puis définis comme des créoles. Peut-on admettre que l'on se soit approprié cette idée ou est-il déraisonnable de l'envisager ? Nous l'avons payé cher ce titre. Alors pourquoi nous en priver ? En avoir honte ? Alors que choisir ? Nègre de Martinique, Caraïbéen de Martinique, Créole de Martinique, Afro-descendant de Martinique ? De toutes les façons la seule

---

[29] Apartheid : définition du dictionnaire Larousse. Discrimination, voire exclusion, d'une partie de la population, qui ne dispose pas des mêmes droits, lieux d'habitation ou emplois, que le reste de la collectivité.

résonance qui me revient et qui m'anime c'est la Martinique et quelle que soit la définition qui clôturera ce débat, elle ne pourra jamais se satisfaire sans ce nom de la Martinique.

Dans mon patrimoine génétique il y a une combinaison qui fait de moi un noir, créole, de la Martinique donc je suis un Afrokréyol vivant en Martinique.

La plume et le sang pour la paix s'explique en ces termes : il n'y a pas de changement sans idées, réflexions et lois écrites. Il n'y a pas non plus de prise de conscience sans une main ensanglantée brandie vers le ciel. Sans rébellion, on ne peut évaluer le préjudice et rien ne bouge. Les deux sont intimement liés qu'on le veuille ou non, ils sont en parfait équilibre. La paix et la liberté ne se gagnent ni par désaveu, ni par la violence, mais par des actions conjointement menées. Ici il n'y a pas d'appel au meurtre, il n'y a pas non plus d'appel au suicide par l'auto-censure.
Aucun homme ne doit modérer son existence pour satisfaire l'ineptie d'un autre.

Sortir de sa mollesse ne veut pas dire partir en croisade. Ne soyons pas ceux sur qui les crachats s'accumulent sur les figures.

Ne laissons pas la toxicité des scandaleux, flétrir davantage les rapports humains.

Déboulonnons nos esprits en même temps que les idoles, et remplaçons des pierres mortes tristes par des flamboyants vivants et gais.

Bien malheureusement pour l'homo sapiens sapiens, sa mémoire est élastique et elle ne se guérit pas dans les illusions de l'abandon. Dédouaner ceux qui par leurs actes enveniment encore ce qui aurait dû être aboli de toutes sortes n'est pas responsable.

Le racisme n'est pas un oncogène génétique, mais une tumeur psychique qu'il faut dévitaliser par l'instruction. Blancs et Noirs ont l'esprit étriqué par des croyances qui rabaissent la valeur de l'évolution humaine.

"J'ai posé la pointe de ma plume dans les rivières de sang qui sillonnent les guerres afin de dessiner la Paix."

Table des matières

Éditeur : BoD-Books on Demand, 12/14 rond
point des Champs Élysée, 75008 Paris, France
Impression : BoD-Books on Demand,
Nordestedt, Allemagne
ISBN : 9782322220649
Dépôt légal : août 2020

FSC

www.fsc.org

MIXTE

Papier issu
de sources
responsables
Paper from
responsible sources

FSC® C105338